大家小书

汉化佛教与佛寺

白化文 著

北京出版集团公司
北京出版社

图书在版编目（CIP）数据

汉化佛教与佛寺 / 白化文著. — 北京：北京出版社，2017. 6

（大家小书）

ISBN 978-7-200-12928-1

Ⅰ. ①汉… Ⅱ. ①白… Ⅲ. ①佛教—研究—中国②佛教—寺庙—研究—中国 Ⅳ. ①B948②B947.2

中国版本图书馆CIP数据核字（2017）第071374号

总策划：安 东 高立志 责任编辑：韩敬群 邓雪梅

· 大家小书 ·

汉化佛教与佛寺

HANHUA FOJIAO YU FOSI

白化文 著

*

北京出版集团公司
北京出版社 出版

（北京北三环中路6号 邮政编码：100120）

网 址：www.bph.com.cn

北京出版集团公司总发行

新华书店经销

北京华联印刷有限公司印刷

*

880毫米×1230毫米 32开本 10印张 157千字

2017年6月第1版 2023年2月第3次印刷

ISBN 978-7-200-12928-1

定价：39.80元

如有印装质量问题，由本社负责调换

质量监督电话：010-58572393

序　言

袁行霈

“大家小书”，是一个很俏皮的名称。此所谓“大家”，包括两方面的含义：一、书的作者是大家；二、书是写给大家看的，是大家的读物。所谓“小书”者，只是就其篇幅而言，篇幅显得小一些罢了。若论学术性则不但不轻，有些倒是相当重。其实，篇幅大小也是相对的，一部书十万字，在今天的印刷条件下，似乎算小书，若在老子、孔子的时代，又何尝就小呢？

编辑这套丛书，有一个用意就是节省读者的时间，让读者在较短的时间内获得较多的知识。在信息爆炸的时代，人们要学的东西太多了。补习，遂成为经常的需要。如果不善于补习，东抓一把，西抓一把，今天补这，明天补那，效果未必很好。如果把读书当成吃补药，还会失去读书时应有的那份从容和快乐。这套丛书每本的篇幅都小，读者即使细细地阅读慢慢地体味，也花不了多少时间，可以充分享受读书的乐趣。如果把它们当成补药来吃也行，剂量小，吃起来方便，消化起来也容易。

我们还有一个用意，就是想做一点文化积累的工作。把那些经过时间考验的、读者认同的著作，搜集到一起印刷出版，使之不至于泯没。有些书曾经畅销一时，但现在已经不容易得到；有些书当时或许没有引起很多人注意，但时间证明它们价值不菲。这两类书都需要挖掘出来，让它们重现光芒。科技类的图书偏重实用，一过时就不会有太多读者了，除了研究科技史的人还要用到之外。人文科学则不然，有许多书是常读常新的。然而，这套丛书也不都是旧书的重版，我们也想请一些著名的学者新写一些学术性和普及性兼备的小书，以满足读者日益增长的需求。

“大家小书”的开本不大，读者可以揣进衣兜里，随时随地掏出来读上几页。在路边等人的时候，在排队买戏票的时候，在车上、在公园里，都可以读。这样的读者多了，会为社会增添一些文化的色彩和学习的气氛，岂不是一件好事吗?

“大家小书”出版在即，出版社同志命我撰序说明原委。既然这套丛书标示书之小，序言当然也应以短小为宜。该说的都说了，就此搁笔吧。

面向大众的佛教科普著作

周绍良

白化文同志在二十年前写了一批介绍汉化佛教的寺院与僧人生活的文章，后来结集为《佛光的折射》一书，由香港中华书局于1988年出版。台湾中华书局在1990年出版重印本。内地有两种经过不同增补的本子，各自有自己的书名，应该视为另两种版本。

此次此书又由北京出版社出版新的改定本，新版附丽于一套丛书中，这套丛书中的每一本书，均有介绍性前言。由于我和佛教界及作者均有密切关系，作者和出版者都希望我为此书写一篇前言。谊不容辞，我乐于从命。

白化文同志认我为“本师”。这是个佛教专名词，原意指的是“最根本的教师”，特指释迦牟尼佛。后来，中国的汉化佛教有“三师”，即授业师、法幢师和本师，本师特指嗣法之师。再往后，佛门弟子尊称传学之师也称本师。我想，他以如此尊称对我，是因为他在大学读书以及毕业以后，和别的老师关系都比较一般。在我这里算是“登堂入室”了。他的另外的几位老师，他认为“授业师”的，有周祖谟、吴小如等位先生；在他提职称时做过推荐的，如季羡林、顾廷龙、周一良、宿白等位先生，他认为“荐卷师”。当然，他对于这些位老师，都是极为尊敬的。可是，大体上都不如我们之间亲切。我最近读到白化文同志为庆祝中华书局九十周年大庆写的一篇文章，即《一以贯之地培养作者》，其中提到一些我和他的关系，以及此书的写作缘由与经过，颇能说明有关的问题，无妨引用：

“文革”羯鼓声高，和弦音寂。1972年左右，长沙不久留才子，中华书局群公陆续自咸宁五七干校北还。约1975年，邓公复出，知识分子又有复苏之感。忽一日，中华召集二十余位中青年人，在新址王府井大街三十六号大楼二层南头大房间（此房间不久成为文学编辑室所在）开会。实际主持人是褚斌杰大学长。会上散发一份选题选目，说要出一套“知识丛书”类型的小丛书，让大家自认题目。我认为，按当前形势，这套书出不来，即使出几本，也是批判对象，说不定给作者和编者惹出多大麻烦来。因而极为消极，坐在远离褚爷（尊称，由京剧中褚彪的尊称引申）的西南角落里，一言不发。将近散会（当时无招待吃饭一说，更有粮票问题，故临近饭时必须散会），捧场领任务者寥寥。褚爷有点着急，隔着长桌子远远地冲我一指："老白，'敦煌俗文学'这个选题归你写了！"这一指，决定了我后半生业务的努力大方向。

原来，程毅中学长和我在大学时期经常一起读书，有一段时候，以郑振铎先生巨著《中国俗文学史》为中心，共同钻研俗文学。这一点，大约仲弘学长向金灿然先生介绍过，所以召见时有所垂询。褚爷可能早有所知。其实，程先生后来深入斯学，写下极富创见的有关变文的论文。我则旧业早已抛荒，拾不起来了。

不久，"四人帮"倒台，大地复苏。中华可就催稿啦。当时尚在《文物》杂志编辑部服务的沈玉成学长见我转磨，就带我去谒见斯学泰斗周绍良先生。从此，我拜周先生为师，学起敦煌学来了。那时，这条道上路静人稀。可是，中国的知识分子是极聪明最要强的，只要给他们一定的条件，如能坐下来，少干扰，创造些获取相关资料的机会，即使条件比国际上同行差得多，他们也会毫无怨尤地自动干将起来。……现在，我国的敦煌学研究早已居世界前列。我则由于主客观种种原因，在敦煌俗文学研究方面非常落后了，只能有时混在敦煌学界，打打杂而已。国内外学者在这方面的新著如林，读后自惭形秽，自然噤若寒蝉矣。派我写的小册子始终也没写成，愧对中华和程、褚诸大学长。不过，这一指影响甚至决定了我后半生的业务走向，却是肯定无疑的了。

…………

《文史知识》的文风要求是深入浅出，说理透豁，又得让高中程度以上的老中青读者全能读懂并爱看。在写稿过程中，我力求一以贯之。久而久之，似乎成为一名编写“社科科普”文章的作者了。应该说，在为《文史知识》写稿前，我写稿不多，公开发表者更少。《文史知识》把我培养成一个尚能动笔的人。而且，一种杂志铸成一个人的文风，起码是表现在我身上了。

《文史知识》还培养我进入了两门学术领域。一门是对汉化佛教的佛寺、佛像、法器服饰等方面的介绍性阐释，这是与旅游之风兴起有关联的。我师从周绍良先生，周先生那时已经由被迫家居而逐步东山再起，进入中国佛教协会工作了。我以近水楼台之便，得以经常出入庙门，就近研究。后来写出一批通俗性介绍汉化佛教的文章，并结集出版。这却是以自学为主的，出入寺院为我提供了直接的具体的素材。太老师周叔迦老先生的著作成为我规抚的蓝本。

其实，我与白化文同志并非授课那样的师生关系，不过有时讨论一些学术问题，有点类似博士生和导师在客厅里闲谈罢了。我们还一起编纂过两本书，即《敦煌变文论文录》和《敦煌变文集补编》。我们讨论的主要是与敦煌学特别是敦煌俗文学相关的问题，编纂的也是敦煌俗文学方面的书。约三十年来一贯如此。与佛寺等相关的事，我与他交流极少。但是，我父亲周叔迦老居士是一位从20世纪二三十年代起就注意向大众普及佛教知识的人，现在看来，可以说是近现代“佛教社科科普”的先驱者了。他在20世纪30年代所写的与这方面有关的文章，后来结集成《法苑谈丛》一书。此书在20世纪八九十年代后颇为流行，中华书局并改易书名为《佛教基本知识》，作为《文史知识文库》之一种出版。白化文同志所“规抚”的，就是这本书中的一些内容。社会和学术发展都很快，现在看来，《法苑谈丛》已经带有古典性质。白化文同志是一位善于学习的人，他虽然参考了《法苑谈丛》，却是很有发展的。一方面，从行文看，真正做到如某些友人赞誉的“如行云流水”的水平，是一篇篇相当漂亮的“社科科普”创作，深入浅出，让人一看就明白，让人爱看。另一方面，从内容看，他在承袭后又有许多发展，并非亦步亦趋，而是明显地显示出自己的特点、自己的领会与心得。例如，佛寺与佛殿平面示意图，就是他的创造。他虽然埋怨别人直接抄袭他的文章，可是，示意图却是没人敢照搬的。再如，对汉化的诸天的阐释，在他以前也没有谁说得那样浅明透彻。总之，他的“佛教科普”文章，都是极有个人特色的，有自己的新意的。

白化文同志对中原一带汉族为主的佛教派系有自己的看法。他认为那是逐渐汉化即本土化了的佛教，他特称之为“汉化佛教”。他认为，一方面，汉化佛教逐渐本土化，早已孳生成佛教派系中最大的一支，具有自身的极大特色。汉化佛教乃是原始佛教在中国的折射罢了。另一方面，汉化佛教又影响到国外，特别是东北亚的朝鲜半岛和日本列岛，以及东南亚北部的越南等地区。当然，这些地区的佛教，在传入之后又都有自己的某些发展，但都带有明显的汉化佛教特色。这是白化文同志研究佛教形成的一种主导思想，在此书中贯彻始终。

我与中国佛教界关系密切。中国佛教界从传承的角度，将中国佛教的派系划分为汉传佛教、藏传佛教、南传上座部佛教三大系。“汉传”与“汉化”仅一字之差，却说明与白化文同志的着眼点不同，虽然并不冲突，却是应该提出来的。

白化文同志写作此书的前前后后，我虽然都亲眼得见，可从来没有参与其事，更谈不到给过他什么帮助了。此书出版后，我的堂兄周一良却是比较仔细地阅读过，并且提出若干中肯的意见。比如，从梵文推阐“南无”的含义与用法；阐明观世音菩萨崇拜从南北朝时期就已盛行，而不是像白化文同志原来从旧说那样，认为唐代始盛。这在他的《魏晋南北朝史札记》中“观世音经”等条目中曾有过阐释的。化文向来从善，在内地版中改正了。这次新版，听说又有一些更动。我总是在想，社会与文化的变化前进实在太快。我父亲那本书已成古典。化文这本书，不论从行文上看还是从内容方面看，较之当代流行作品，也有点老态啦。它大致反映出20世纪80年代的认识与文风。就让它作为那个时代的佛教“社科科普”的代表作品，再现在读者面前吧。

2002年8月23日　京郊双旭花园

序

白化文

有关这本书的源流和特点等情况，本师周绍良先生在新版前言中已经说得十分清楚了。我想补充的不多，大略有如下几点：

一点是，这本书中的一部分篇章，原来是对着《文史知识》的口径编写的，力求能达到深入浅出。是否做到了，不敢说，但我确实是朝着这个方向努力的。后来续写的一些文章，也与这样的写法一致，慢慢地形成了我个人的文风。细心的读者若是赏脸常读在下写的这些东西，当可逐渐体会到，不论优劣成败，这种文风自有其特色，起码，文气是前后贯串的，读起来顺畅。这是从行文看。从内容看呢，我也力求在吸收先辈留下的滋养时，在每一篇章中加进一些自己的东西，也就是不过分地当文抄公，竭力避免人云亦云。

接下来的另一点则是，我从来爱当垦荒者，爱走路静人稀的荒野小径。一条道上走的人多了，我就慢慢地改走别的路线。在我写这本书中一些篇章的时候，时当20世纪80年代初，旅游热刚刚兴起，介绍汉化佛寺与僧人的书籍不多。后来，大家一拥而上，我就慢慢地转移阵地啦。可是，晚出的相关著作，常有借鉴拙作之处。这原是无可厚非的事，还是赏我的脸呢。不过，连篇累牍地抄袭，就不敢恭维了。文抄公们比较聪明，抄几句就改换若干字词。殊不知，这样一来，原来的文风就被破坏了，文气自然也就不连贯了。读起来，疙里疙瘩的不舒服。此次新版此书，带有立此存照之意。希望引起读者和参照者的注意：使用别人的资料，最好但师其意不师其辞，更要加上自己的新意，斯可称豪杰矣！

最后要说的与前述两点关联不大的一点是，这本书的的确确是一本“小书”。它的内容浅显，分量不大。但是，鄙人绝非“大家”。责任编辑韩敬群同志非要把此书编入一套丛书之中，在下力辞不获。他并且说，此书绝版数年，新版会有销路，云云。在下为了前面所说的原因，更为了捞点稿费，不避搭先贤的便车以抬高自己之诮，冒此大不韪。知我罪我，是在于读者矣！

新版略有增订，图片也多有改换。原香港版中，按惯例，在音译词语之后附加梵语拉丁字母转写的对音。此次新版，按责任编辑的意见办，大都删去了。对于一般读者来说，这些对音用处不大，对阅读此书可说毫无影响。要是想查，找一本相关的辞典一查就行。总之，不论好坏，我算是把它又抛出来了，请广大读者彻底批判吧。

当然，我应该感谢北京出版社与印刷部门诸公，特别是责任编辑韩敬群同志。他们的工作效率是惊人的快。我也必须感谢此次为此书制作图片光盘的乌心怡女士。没有他们，这本书的这次重版是不可能的，至少是出不了这么快。我谨向他们表示意重言轻的感谢。

最后，我认为，还是应该再次恳切地强调：这是一本不折不扣的“小书”，它只是附丽于这套丛书之中，作者绝非“大家”。

2002年9月11日　承泽园

目 录

一　佛光的折射

一种宗教，从形成到发展，需要具备以下条件：

1. 一定的教义，常以经典形式记载并传播。

2. 具体的崇拜（礼拜）对象，即“神”。此种对象常以具体形象显示。

3. 用适当方式（常为有层次的多种方式）组织起来的相当数量的信徒。

4. 独有的活动场所、根据地。

宗教消亡后，信徒消逝，上举1、2、4等三项依然可以流传，作为历史资料与文物而存在。

与基督教、伊斯兰教并称为世界三大宗教的佛教，是公元前五六世纪时，释迦牟尼在南亚次大陆创立的。佛教的基本教义是：把现实世界认为是“无常”的，即迅速变化的和虚幻的。而现实人生则是“苦”的。“苦”的基本原因既不能怨天——不是神的安排；又不要尤人——不在社会环境。而是由于个人自己造出的“惑”“业”所致。“惑”指贪、嗔、痴等烦恼——自寻的烦恼；“业”指身、口、意等活动及其造成的结果。根据个人善恶行为，今生之因在未来成果，如此“轮回报应”，生死循环变化不已。要摆脱“苦”，就要皈依佛法，按佛教教义修持，彻底改变自己的人生观、认识观，完全克制自己的世俗欲望，最后超出生死轮回，达到最高境界“涅槃”（也可说是“解脱”）。

佛教作为世界三大宗教之一，它完全具备宗教形成与发展的四项条件：

1. 它的教义，富于哲理性、学术性，吸收其他教派教义和古代神话、传说、故事不少，传承发展中派系繁多；而且经典繁富，结集成“三藏”，即“大藏经”。

2. 它是逐渐形成的一种多神教系统，有“佛”、“菩萨”、“罗汉”、“诸天”、“鬼神”等一系列庞大复杂的崇拜对象，并以图像显示。因图像繁多并成为信徒主要膜拜对象，又被人称为“像教”。

3. 有用多层次的清规戒律严密组织起来的信徒“七众”。即，出家五众：比丘，比丘尼，式叉摩那，沙弥，沙弥尼。在家二众：优婆塞，优婆夷。对各种信徒的要求宽严不同，接受的戒律不一。但加入组织时必须严格履行手续，即“受戒”。

4. 以佛寺为主要根据地。

佛教在发展中，由于对教义和戒律的认识产生分歧，产生了许多教派。大致地说，较原始的佛教教派，被称为小乘佛教，以自利修罗汉果为最终目的；1世纪左右兴起的大乘佛教，则以利他修菩萨行成佛为最终目的。小乘只承认释迦牟尼一人是佛，大乘则认为大千世界有无数佛。7世纪以后，大乘佛教中一部分派别与婆罗门教混合，形成密教。小乘、大乘、密教，这就是南亚次大陆佛教流行中形成的三大派系。

佛教在许多国家与地区又形成各具民族特色的教派。一般地说，在中国汉族地区形成，传入日本、朝鲜半岛等处的，称为北传佛教，又称汉化佛教。以大乘为主，其经典属汉文系统。在中国蒙藏地区形成的，称为藏传佛教，又名喇嘛教，是佛教（包含大量密教成分）和当地宗教“本教”的混合。其经典以藏文为主。传入今斯里兰卡、缅甸、泰国、柬埔寨、老挝和中国西南地区的，称为南传佛教。以小乘为主，其经典主要属巴利文系统。

佛教传入中土，大约通过三个途径。一个途径是通过中亚西域，经丝绸之路传入中原。这是一条最主要的道路，东来传法和西行求法的高僧常走的就是这一条路，因此在以往的佛教史研究中，被认为是唯一的道路，那当然是不准确的。另一个途径是通过西南方边远地区传入。关于这条路，一直到20世纪70年代后期才有若干研究成果发表。学者们在研究了佛教在古代四川地区活动的情况和出土的汉代佛教遗物以后，对于佛教从川滇路线和古身毒道及青衣道等处传入，已有比较明确的认识。以上两条都是陆路。再一条是海路，从广州直到扬州和现在江苏、山东一带沿海地区，随着航海客商的往来传入。这是一条登陆口岸较多的海路，过去研究的也比较少。后来，江苏省连云港市孔望山早期佛教造像被重新发现，才引起学术界的极大兴趣，它提示人们注意佛教早期从海路传来的可能性。

孔望山，相传因孔子在此登临望海，故名。
料不到又与佛有缘，成为佛法东来的港口。

佛教大约在东汉时期已在中原和江南一带流行了。汉代的人很重视神仙方术，佛教初传，大约也被看做某种神仙方术。为了争取在中国扎根传播，佛教徒开始用汉文翻译佛典，并且尽可能地把它和中国传统的伦理和宗教观念相结合。可以说，佛教从传入中国开始，就朝着汉化的方向前进了。

南北朝时期，佛教的般若学一派同清谈玄学相结合，受到门阀世族中高级知识分子的欢迎。在南北朝的中晚期，许多朝代的统治者都利用佛教来作为巩固统治的工具，强调佛教“逆来顺受”、“追求来世”等思想，以麻醉百姓。例如，南朝的梁武帝把佛教当做“坐致太平”的手段，大力扶持寺院的发展，多次亲自到寺院舍身。北朝则在开凿石窟、修建寺院等方面花费了大量的人力、财力。这一阶段佛

梁武帝奉释宗为“坐致太平”的法宝，却原来是身亡国破的祸由。

经的翻译，从西晋竺法护以来得到很大发展，经过后秦的鸠摩罗什，已经达到一个新的水平，它的标志是：所进行的是认真的、句对句的、追求“信”和“达”的翻译，也就是注意翻译的学术性和真实性，而不像早期翻译那样采用概述大义的方法。到了南朝陈代的真谛，大小乘的佛经已经基本翻译得差不多了，这是佛经翻译的第一个高潮时期。在此期间名僧辈出，道安、慧远、僧肇、道生等人都是佛教徒中的学者，他们在发展中国佛教本身的理论方面作出了贡献。随着佛教理论的学术化和汉化，僧人间对理论的解释不一致，于是产生了汉化佛教中若干宗派的雏形。由于佛教的壮大和信徒的增多，统治者和高级知识分子对佛教更加重视，逐渐导致了儒、释、道三家争夺思想阵地的长时间大辩论。这三者又在长期的争论、斗争中互相渗透，使佛教接受了更多的汉族本来的思想，更加汉化。

隋唐时期，最高统治集团采取三教并用的方针，佛教进入鼎盛时期，寺院经济得到高度发展，译经的规模和水平空前绝后。特点之一是，出现了许多西行求法的高僧，如玄奘、义净等人。他们归国后，以兼通梵汉两种文字的身份主持译场，改变了过去依靠西域高僧为译主的局面。他们既知彼，又知己，学术水平甚高，是汉族本民族的优秀翻译家。

因此译文的质量自然超出前代，当时称为“新译”。另一个特点是由国家组织庞大的译场，提供优厚的工作条件，在此基础上编订出国定本的大藏经。这个时期，佛教的理论由依附汉文的译经，演变为独立的解释和演绎，因而建立起多种独立的体系，而适应中国情况的礼仪法规也基本完成，于是便形成天台宗、律宗、净土宗、禅宗、密宗等汉化佛教中的大小宗派，并传到朝鲜半岛、日本和越南。至今日本和韩国的各宗派佛教徒，仍把本宗派的中国创始寺院称为祖庭，参拜不绝。

从隋唐到宋代，佛教一方面向着世俗化进展，更加深入民间，四大著名菩萨巩固了五台、峨眉、普陀、九华四大名山道场，就是佛教信仰普及化、世俗化和进一步汉化的明显标志。另一方面，经过汉化的佛教思想也明显地在知识分子的头脑中占有相当大的比重，并主要通过知识分子影响到哲学、道德、文学、艺术等各个领域。

宋代以后，一些主要的佛教宗派的基本观点与儒家互相交融，本身也更加汉化。寺院和寺院中的塑像、画像也逐步形成定制，汉化佛教至此基本成熟和定型化，已经把原始佛教的一切改变得面目全非。如果释迦牟尼复活，到中国来旅游，必然莫名惊诧，不认识这是自己创立的那个宗教了。

总之，汉化佛教是汉化很深的佛教，它经过近两千年与中国传统文化冲突与融合的长期过程，渗入全社会各个角落，形成自己的独特系统，有自己的特点。这些特点有机地融合在汉化佛寺的建筑、造型艺术、图籍、仪礼轨制等具体的事物与行事之中。

二　释尊的生涯

（一）

释迦牟尼是佛教的创始人。释迦，种族名，意译是“能”；牟尼，也译成“文”，是一种尊称，含有“仁、儒（文）、寂默、忍”等义。意译也可合成“能仁”等，意即“释迦族的圣人”。这是佛教徒对他的尊称，也常简称为“释尊”。本书中此后常用这种尊称和简称来称呼他。他本姓“乔答摩”，意为“最好的牛”。这似乎是带有原始性的图腾意味的一种族姓；名“悉达多”，意为“达到了目的的人”。

关于释尊的生平，并没有可靠的历史资料，只能主要根据佛经中的记载加以叙述。佛经中记载有关释尊的传说极多，大致可分为本生故事和佛传两类。本生故事讲的是释尊前世曾多次在“轮回”中转生为人或动物，并在那些时候积善修行，做了一系列好事。这当然都是宗教传说。但这些故事本身，绝大部分都是寓言、童话等等小故事，是古代南亚次大陆人民的民间文学创作。当地各教派都利用这些故事，略加改造，用来宣传教义。佛教利用这一方式，恐怕还是跟婆罗门教学来的一手。这些故事常绘成本生图画。汉化寺院中每每绘成连环画形式，作为背景式壁画在殿堂中列出。释尊从降生为悉达多一直到以佛身入涅槃的一生事迹则称为佛传，其中有不少神话，不少传说，当然也有不少经过曲折投影的历史事实。佛传的核心是“八相成道”的故事，也常绘成佛传连环画。以下按佛传顺序大致叙述。对于其中史实与神话的化合成分，请读者自己细加分析。

法轮初转，释尊开始传道的生涯。

先说释尊的生卒年代。佛教采用佛历纪元，算法是从释尊涅槃离开人世之年算起，与公元以耶稣基督生年为纪元元年者不同。可是，世纪也是以一百年为计算单位。头一个百年（由佛逝世涅槃那一年起算）为“百年”，全称“佛灭百年”。如说“佛灭七百年”就是在七百年这一百年的范围内，并非实指整数，万勿误会。

可是佛灭的年代，其说不一，约有六十来种说法。应该说，要像户口登记那样确切地知道释尊的生卒年月日，那是不可能的了。只能说，他大约生活在纪元前6世纪至5世纪之间，与中国的孔子大致同时。佛教界通用的几种代表性纪年如下（均按释尊活了八十岁计算）：

1. 公元前544年说。这是南传佛教的习用说法，今斯里兰卡、缅甸、泰国、柬埔寨、老挝等南传佛教系统遵行之。据此，佛生于公元前623年。公元2002年是佛历2546年。世界佛教徒联谊会（简称“世佛联”，本书以后用此简称）用此纪年，故中国佛教协会亦遵用之。

2. 中国藏传佛教，特别是蒙藏地区的喇嘛教黄教，习用的是公元前961年说。20世纪50年代以前西藏政府尚用为颁历之准据。据此计算，公元2002年为佛历2963年。

3. 点记说。南亚次大陆早期的佛教创有一个制度，在雨季时“安居”，即僧人集结于固定地方三个月左右，避雨不外出，以免伤害虫蚁，同时诵经学戒，结束时在戒本上点一点为记。据《善见律毗婆沙》所载，佛灭的第一年开始点记，每年一点，到南齐永明七年即公元489年，共得975点。据此算出，佛灭应在公元前486年，即生于公元前565年。中国支那内学院的学者于1923年首倡应从此说。现代日本、印度等国佛教学者和历史学家亦多从此说。笔者也认为，此种说法有明确经典“依据”，且与多项旁证印合，在多种可能性的假说中以它为最可取。说释尊生于公元前6世纪中叶，逝于公元前5世纪，享年八十岁左右，大致是不会差的。

释尊生于南亚次大陆北部的迦毗罗卫国（意译“妙德城”），这是一个小国，地跨今印度与尼泊尔之间。当时，南亚次大陆北部有十六个以一个大城市为核心的早期奴隶制社会制度的“大国”，其中强大的有恒河南岸的摩揭陀国，西北边的憍萨罗国，东北边的跋耆国。此外还有四个小“共和”国，就是说，这些小国还比较落后，没有像强盛的大国那样建立起奴隶社会的君主制，而是保留着原始公社崩溃后残余的一些大酋长合议的制度。迦毗罗卫就是这样一个国家，当时处于半独立状态，承认憍萨罗为宗主国。

当时，在这些大小国家中，已经建立起四大种姓制度。这种制度，把人们严格区分成职业世袭的四级社会等级集团，从高到低排列如下：

婆罗门：僧侣贵族，以祭婆罗门教天神、诵《吠陀》经典、传婆罗门教为职事，解释并维护法律与传统，享种种特权，是国家精神生活上的统治者。

刹帝利：官员与武士贵族，握政治军事实权，是国家的世俗统治者。

吠舍：社会生产者，包括农民、手工业者、商人等。

首陀罗：低级劳动者，多为被征服的原土著居民后裔，无任何权利。

此外，还有更低级的、被排斥在四级种姓之外的“贱民”。那是后来逐步形成的最底层被压迫阶层。

释尊属刹帝利种姓。他的父亲是迦毗罗卫国的净饭王，净饭王的弟弟名叫斛饭王，大约这二位都是迦毗罗卫这个“共和”国合议制“议会”中世袭的大酋长，不能以中国传统概念“国王”视之。但他们在国内有钱有势，能发号施令，那是自然的。这哥俩娶了邻国天臂国善觉长者的四个女儿，每人两个。净饭王娶的是大姐“摩耶夫人”（全音译是“摩诃摩耶”，意译“大幻化”），还有四妹“摩诃波阇波提”（意译“大生主”、“大爱道”，常简称为“波阇波提”或“大爱”，本书中以后用前一种简称）。这夫妇三人就是释尊的父、母和姨母。

（二）

前面说过，释尊的一生，按佛传可分八个阶段，即“八相成道”。其中神话成分极浓，但也曲折地表露出释尊一生的概貌。现在大致按此次序，把神话和历史糅在一起，简介一番。

第一相是“下天”。且说，释尊在经历了本生故事中叙述的轮回转生“无量数劫”（实只五六百个故事，每一故事述一次转生）以后，便在兜率天（本书下有详述）内院与原婆罗门教的众天神开会计议，议决最后一次转生要以摩耶夫人为母，然后乘白象从此院出发，由兜率天降下人间。

第二相是“入胎”。即乘白象（早期传说是化为白象）从摩耶夫人右胁入胎。当时夫人正在梦中，梦见此事。

第三相是“住胎”。这是大乘佛教“八相”中的第三相，小乘“八相”中无之。讲的是释尊在母胎中行住坐卧一如在天上一般，并在一日六时——即每天的晨朝、日中、日没为昼三时，初夜、中夜、后夜为夜三时，合为一日六时——为诸天说法。

第四相是“出胎”，即诞生。且说，摩耶夫人在分娩前，遵照当时的风习，离开夫家到娘家去。波阇波提等人陪同前

投胎

往。走到善觉王为夫人蓝毗尼（意译“盐”、“可爱”。按佛传的矛盾记述，此位善觉王似是老王之子，即善觉长者之子。那么，蓝毗尼应是摩耶夫人的嫂子）盖的蓝毗尼花园，在水池里洗了澡，就感到要“生”了。按汉化佛教的创造性佛传文学作品《太子成道经》等描述，由波阇波提给摩耶夫人“抱腰”，即当收生婆。释尊仍从右胁降生。降生后即走了七步，步步生莲花（中国人给发展为东西南北各行七步）。然后一手指天，一手指地，说道：“天上地下，惟我独尊！”这时，有两条龙，一吐温水，一吐凉水，如冷热两个水龙头一般，给这位尚未成佛的新生的悉达多太子洗澡。后来中国人给发展成九

降生

龙吐香水，水管子也太多了。

太子诞生的这一天，汉化佛教定在农历四月初八。藏传佛教定为四月十五日。受南传佛教影响的傣族佛教则定为清明节后十天，发展成民族节日“泼水节”。汉化佛教则把佛诞定为“浴佛节”，专为此制作了一种“诞生佛像”，作儿童状，右手指天，左手指地（也有左指天右指地的），立于传为接生时专用的“金盘”之上。上身赤裸，下身围着裙子或穿小裤衩。非汉化佛教有全身赤裸的像。诞生佛像一般是金属（铜质为主）或玉石像，连盘子雕铸在一起，不怕水浇。在浴佛节这一天，举行隆重仪式，请出此像，由大和尚用香水为它灌顶，以模仿九龙吐香水，然后抬佛游行。在汉化寺院中，此像只在浴佛节时请出，平时供奉于方丈或佛阁内隐蔽处。

傣族泼水节，其实是佛诞节的南传佛教民俗化版本。

南亚次大陆北部有佛教八大胜地。按佛传

千年前早已没落的蓝毗尼，今天又恢复了花园的景观。

蓝毗尼花园中的阿育王石柱及摩耶夫人祠

顺序排列，蓝毗尼花园是第一个，其地在今尼泊尔南部梯罗拉柯提。公元前250年左右，印度孔雀王朝阿育王（意译“无忧王”）曾来此处瞻仰，并竖石柱留念。公元405年和公元635年，中国东晋高僧法显和唐代高僧玄奘先后到此瞻礼，并留下明确记录，后毁废。19世纪末，英国人据中国此二高僧记录重新发现并证实。现在遗址已经尼泊尔政府整理得又像花园一般。重要遗迹有两座由遗址出土砖石新建成的现代佛塔，一座古寺遗址，一个佛母浴池（小水塘），一块雕有摩耶夫人手攀无忧树枝而生悉达多太子的佛诞石刻。一根高四米多的阿育王石柱是最有名的，上有刻文，略谓：“在位二十年后，亲来朝拜释迦牟尼佛诞生之地。并建立一根石柱，表示佛陀在此降生。”

佛母摩耶夫人于悉达多诞生七天后即逝世。我们推测，在当时的卫生条件下，又居野外，用池水洗澡，她一定得了产后风（产褥热），这种病在那时是很难治好的。她享年四十五岁，悉达多是她唯一的儿子。据说她辞世后上升到兜率天内院[1]暂住，悉达多由姨母波阇波提抚养长大，关系如亲母子一般。

悉达多从此在迦毗罗卫当“太子”，直到二十九岁（一说十九岁）。据说，他生下的时候，就有仙人预言，说他如果不

① 应为“忉利天”。——编者注

出家，就会成为转轮王。原来，南亚次大陆贵族间盛行用战车打猎和作战，逐渐将战车神化，认为它无坚不摧，战则能胜。轮宝，即车轮，就成为战车以至战胜者之王的象征。这种预言，曲折地反映了被保护国处于屈辱地位的统治者对接班人的期待。净饭王为了培养悉达多，让他受到了当时刹帝利青年所能受到的全部最好的教育，成为文武全才。

悉达多生于深宫之中，长于妇人之手，享用极为豪华奢侈。他十九岁（一说十七岁）时，与摩耶夫人娘家血统的“表妹”耶输陀罗（意译“持誉”）结婚。她是一位“公主”，异常美丽与贤惠，结婚时十六岁。他们生了一个儿子，名叫罗怙罗（又译作“罗云”，意译“障月”，是月蚀时所生）。

悉达多要出游散心，于是就产生了出游东西南北四个城门的故事，中国称为“游四门”。据佛传说，第一次出游，看到一个老人，太子心烦意乱，打马回宫；第二次见到一个病人；第三次见到一个死人；第四次遇见一位苦行僧。这四个人都由天神变化而成，是来点化他的。悉达多经过不断的思想斗争，决定出家以追求最高的真理，求得彻底的大觉大悟。于是，在一天夜里，叫自己的马夫车匿（意译“乐欲”）跟随，骑着心爱的坐骑“骕骦白马”，离宫出走。可是城门紧闭，出不去。于是四大天王各捧一只马蹄，太子连人带马跳出城墙。这就是“夜半逾城”，是为第五相“出家”。汉化佛教以农历二月初八为佛出家日。

悉达多为什么出家，主观上定有我们现在很难悬测的复杂

太子逾城图。图中的悉达多及众神皆是汉装打扮。

原因。但他肯于舍弃荣华富贵，冲破传统的旧婆罗门教的藩篱，通过学习与思考去探求真理所在，却是一项富有革命性的行动，值得肯定。客观上，当时已有许多不满甚至反对婆罗门教的人，以修行者的身份去探求真理。他们的存在与探索，也在指引着悉达多，让他走类似的道路。

悉达多“出家”以后，舍弃世上荣华，原意大约是转向它的反面，走修行者中“苦行”这条道路。这路在他以前已有许多人走过，现在还有许多人在走。净饭王见劝他不回，就派本族中五个人随他修行，他们是：

憍陈如（又叫“阿若憍陈如”）

跋提

跋波（又叫“十力迦叶”）

摩诃男拘利

阿说示（意译“马胜”）

他和这五位在一起，访问过两位著名的修行者，未达真谛。他苦行六年，“日食一麻或一麦”，饿得前心贴后心。今南传和藏传佛教中有所谓“饿佛像”，形容枯槁，肋骨毕现，就是表现他这时的景况的。汉化

饿佛像

佛教以其有似骷髅，吓人一跳，并且表现的是佛爷不得志时的状态，为尊者讳，摒弃此种像不用。

悉达多终于理智地觉悟到："如是等妙法，悉由饮食生。"（《佛所行赞》）不吃饭，妙法是寻求不到的。留得青山在，才能有柴烧。这一点，又是他比现在还存在的一些苦行者聪明之处。他下定决心重新生活。于是到行脚所至的尼连禅河（今名"法尔古河"）中洗浴。洗完后因为身体太虚弱，爬不上岸来，幸亏树神垂下一株岸边的树上的长枝，他才揪住上了岸。一位好心的在岸边草地放牧的牧女善生送他一碗乳糜喝，他才恢复了气力。"食已诸根悦，堪受于菩提。"（《佛所行赞》）那五位和他一起苦修的伙伴一看如此，认为他背叛了原来的信念，相约不理他，另找地方苦修去了。

悉达多这时走到尼连禅河西岸一株毕钵罗树（无花果树之一种，学名Ficus Religiosa）之下，敷上刈草人送给他的吉祥草，开始打坐，进行思维，并发出誓言：如不成佛（获得掌握最高真理的智慧），决不站起。据说在树下坐了七天。其间有风雨之时，树神为之用树枝挡风避雨。这时魔王恐悉达多成佛后于己不利，便率魔女、魔军将悉达多团团围住，软硬兼施，全都失败。最后魔王恼羞成怒，对悉达多狂喊："汝之福业谁当证明？"悉达多以右手触地，表示：自己的一切言行，大地能够证明。这时，大地发出六种震动，地神从地中涌出（他不能脱离大地，只能现出上半身），高唱："我能证明！"于是魔众惊散，悉达多得道成佛。

佛祖成道的菩提树及后来建成的大觉塔

以上是为第六相"成道"。小乘佛教无"住胎"一相，而于"成道"前加"降魔"一相。我们要记住：悉达多从此成佛，以下便可正式以释尊称之。这可以说是一次质变式的飞跃。八大圣地中，迦毗罗卫排在第二，佛成道处排顺序在第三，但其重要性在圣地中应属第一。此地后来被称为菩提伽耶（意为"证成正觉处"），在今印度东北部比哈尔邦加雅城南十一公里处。毕钵罗树被特称为菩提树（又称"阿沛多罗树"、"贝多树"，意译“觉树”、“道树”）。现存菩提树据说是原树的曾孙，枝繁叶茂，浓荫蔽日。树下有象征草座的石刻金刚座。相传佛成道起座后向北，东西行绕树，称为“观树经行”。当时一步一莲花，计十八莲花。今树下以石刻莲花作象征。南传佛教僧人常焚香散花绕树作礼，盖仿此也。菩提伽耶是佛教圣地中的圣地，唐代高僧玄奘到此参拜时，万感归心，闷绝于地，可见其对释子感染力之强。此地尚有宋朝高僧怀问于宋仁宗明道二年（1033）为宋朝皇帝所建二塔，塔下刻宋真宗御制《圣教序》、皇太后《愿文》、御制《三宝赞》等。菩提树前有高五十二公尺[①]的大觉塔，四周有小塔百余，均为祈愿塔性质。附近有印度政府设立的菩提伽耶博物馆，中存出土佛像甚多。

释尊成道日，汉化佛教定为农历十二月初八，即俗称“腊八”而本名应为“成道节”、“成道会”的日子。中国佛教徒在这一天用各种米和果物等杂煮作粥供佛，象征悉达多在河边浴罢为恢复体力而食糜。以后，吃腊八粥逐渐演变成中国民间习俗。

释尊成道后，自然想到传道。传给谁？他首先想到的是和他最熟悉的憍陈如等五位。于是动身去寻找，在鹿野苑找到了

① 米的旧称。——编者注

他们。关于此苑有一美丽神话：五百位仙人在此遇见美女，失去神通而堕落。故又名“仙人堕处”。当时属波罗奈国，在今印度北方邦东南部瓦腊纳西城（旧称“贝拿勒斯”，1957年起改今名）西北约十公里处。

接下去就是“转法轮”，是为第七相。这一相包括的时间最长，讲的是佛成道后说法普度众生的事。释尊三十五岁成道，八十岁入灭，转法轮的时间是四十五年，一般常算个整数，就说五十年。法轮是对佛法的一种比喻称呼。转法轮，有两种意义：一是指佛说法能摧破众生的一切烦恼邪恶，正如转轮王转动轮宝（即前面说过的对战车及其威力的神化）摧毁山岩一般；另一则喻佛说法如车轮辗转不停。

释尊为憍陈如等五人说法，五人心悦诚服，表示“皈依”（义为“归投依伏，如子归父，如民依王，如怯依勇”）。从此佛教具足了佛、法、僧三宝，开始建立，这被称为“初转法轮”，从此“法轮常转”。

佛（全译“佛陀”）本义是“觉者”、“智者”，本指一般的觉者（觉悟了的有头脑的人）。佛教给予它特指性含义，指佛教中取得最高成果者，其具体内涵将在本书中以下各节分述。释尊是佛教的创立者，理论的创始人和精神领袖、祖师爷，当然是“佛”。小乘认为，只有释尊才能称“佛”。大乘认为“一切众生，皆有佛性；有佛性者，皆得成佛”。所以宣称三世十方到处有佛，其数如恒河沙数。汉化佛教采用大乘的说法。但释尊当然是佛中之佛，至高无上的佛。

下面先说“僧”（全译“僧伽”，意译“和合众”），即信奉佛教教义出家修行的僧团，需四人以上。初转法轮时连佛带憍陈如等五位（后称“五比丘”）共六人，成立了第一个僧伽。

再说法，法指佛法，一般指佛所说的教法，包括各项教义、教规（清规戒律）等，即佛教的理论和规章制度，而以理论为主体。

释尊说法，当时口耳相传，释尊入灭后才有佛经来记录。释尊究竟在初转法轮时说的是什么法，后来又说过什么法，已经很难穷究。

在本书的开头，已经对佛教哲学作了简单的介绍。下面，再简略地把汉化佛教所传的基本教义述说一番。至于佛教各宗派独有的义理，限于篇幅，不赘述。

佛教认为“诸法由因缘而起”。因和缘，指形成事物、引起认识和造成后果的原因和条件，起主要直接作用的条件为因，起次要间接作用的条件为缘。缘起，就是说一切事物都处于这种因缘中，即因果联系中，依一定的条件起变化。后来的佛经中把这种因缘中有关生死根源的哲理思维部分加以系统化，传下来“十二因缘”：

无明：愚痴，不知，即不明白事物并不像世俗人等所理解的那样。

行：种种行为、行动，它们都是在有因果联系的不停的运动中形成的。推动这种形成的“力”（非人力而为神力）也包括在内。

识：认识（“认识论”的“认识”，即哲理性认识）。

名色：事物的专名与形体。

六入（六处）：感官与感官接触的对象。

触：感官与感官对象的接触。

受：感官与头脑的感受。

爱：一种渴望、追求。

取（爱执）：对于存在的执著。

有：存在，“无”和“空”的对立面。

生：存在于现实生活中，生存，生活。

老死：衰老和死亡（指入“轮回”的死亡）。

佛经认为，这十二因缘从“无明”开始。具体地说，无明就是人们不认识佛所认识的“四谛”。

四谛是佛教的基本教义，指苦谛、集谛、灭谛、道谛。“谛”是“最终真理”之意。

苦谛，是对社会人生及客观世界所作的哲理性价值判断，认为其本来性质都是“苦”的。

集谛，指造成“苦”的原因，认为是在因果联系万物运行中造成的，包括“业”即人们身（行动）、口（说话）、意（思想）三方面活动善恶所造成的因果报应；也包括“惑”，即由于不懂佛教的法和不信奉佛等由愚痴而引起的无边烦恼。

灭谛，指“苦”的消灭，这是佛教修行的最终目的。其最高理想境界是根绝一切“业”与“惑”，达到“解脱”即“涅槃”。

道谛，指达到“涅槃”的一切理论教法和修行方法，即“佛法”本身。理论教法，后来包括在佛经即“三藏”之中，有关情况，本书中在下面介绍。修行方法，按汉化佛教来说，主要是“戒、定、慧”三学。

戒学，即按佛教的戒律行事，防止身、口、意三不净业。

定学，即学习禅定（坐禅入定），修持者以此法集中思想来观悟佛理佛法，灭除情欲烦恼。

慧学，即开动脑筋领悟佛法并断除烦恼，达到解脱。

如此，依三藏，修三学，彻底转变修行者的世俗欲望和原来的错误认识，以达到超脱生死轮回的境界，这就是佛教的最高目标：涅槃（意译“灭度”、“入灭”、“圆寂”等）。涅槃后即成永生常乐之佛身。

以上就是佛教学说的大致内容。应该说明：

1. 在所有的大宗教中，佛教学说极富于哲理性。

2. 佛教认为“佛法广大”，无所不包，容纳了许多别的宗教的教义，采纳并改造了许多神话传说。在发展过程中，南传、藏传、汉化佛教三大体系又都或多或少地与当地传统文化融合。汉化佛教和中国中原地区传统文化的融汇尤为明显。更应特别指出：汉化佛教在流传中变化多端，又分裂成许多宗派，因此如长江大河，纳百流而俱下。佛经中说法纷纭，互相矛盾，同室操戈处甚多。

3. 早期佛教是对传统的婆罗门教的反动。例如，主张“四种姓平等”，均能成佛；又不像婆罗门教那样过分歧视女性，有保留有限制地接受女性入教团修行等，都显出它在当时的进步之处。

以下，接着叙述释尊初转法轮后的传法圣地与传道生涯。

鹿野苑，按顺序是佛教第四大圣地。中国高僧法显、玄奘均去参拜过。1835年起，英国人据他们的记录发掘整理。现存遗迹有迎佛塔（高四十八米的砖塔）、说法台和建于1931年的纪念寺院。鹿野苑考古博物馆创建于1910年，所藏该地出土文物十分丰富。入口处有现为印度国徽式样所据的阿育王建面向

弘法

四方的四狮头石柱，还有公元5世纪石雕——著名的初转法轮佛坐像。

释尊初转法轮后，住世说法四十五年。其行踪不离南亚次大陆北部鹿野苑周围数百公里地区。他的弟子愈来愈多，听法要有地方，修行也要有地方；加之那个地区每年有三个月左右的雨季，在此期间必须找房屋暂住。于是释尊在说法的同时，努力建立根据地。依靠有势力的国王和有钱的大商人的帮助，释尊建立了几处学院式的永久性根据地，供平时说法、僧伽修行和“雨安居”（雨季时集中学习不外出）之用，这就是最早的寺院。但它们与后来的汉化寺院截然不同，并无佛像，也没有经卷，倒像是一处集体学生宿舍外加讲演厅。其中有代表性的，后来成为佛教第五、六、七等三个大圣地的有如下三处：

第一处是舍卫国的“祇树给孤独园”。

第二处是王舍城的“竹林精舍”及城东北的灵鹫山等。

第三处是那烂陀。

以下分述：

舍卫（意译“丰德”、“好道”）是一个王国。此国本名㤭萨罗，为区别于南部地区的另一同名国，故常以国都舍卫城名为国名。地在今印度西北部拉普地河南岸。该国国王波斯匿信奉释尊。城里有一位大富豪须达多，也是位大臣，常为孤寡贫贱者施食，故得号“给孤独长者”。他要为释尊与僧伽建一学院，相中了太子祇陀的花园。太子故意作难，说要黄金铺满园地才卖。须达多竟用黄金铺满园地，太子感动，说只卖地皮，树木奉献。于是此园以两人的名字联合命名为“祇树给孤独园”，简称“祇园精舍”。这是佛教的头一个根据地、第一所寺院，在佛教发展史上意义重大。汉化寺院中伽蓝殿供国王、太子与给孤独长者以为永久性纪念，盖以此也。

据说，释尊在世时常在此处安居，不少于二十次（传为二十五次）。后来时移世易，千年后公元7世纪玄奘到此，只见都城荒颓，伽蓝圮坏。1866年起，英国和印度人按玄奘等人记录发掘多次。此处算是第五大圣地。

摩揭陀国国都是王舍城，地在今印度比哈尔邦底赖雅附近。频婆娑罗王建都于此。他是最早皈依三宝的国王之一。在王舍城中，由迦兰陀长者献出一个花园，频婆娑罗王出工献料，建了一处“竹林精舍”，是第二处大“寺院”，释尊的第二大根据地，是为第六大圣地。玄奘来参拜时，城已废，古迹犹存。此城周围有五座山，东北部有一灵鹫山，亦译作“鹫峰”，音译作“耆阇崛山”等。相传释尊亦曾在该山说法多年，与王舍城竹林精舍并列，为第六大圣地之另一部分。法显于4世纪登此山时，见释尊说法堂已毁，只存砖墙与地基。今有经过新修的频婆娑罗王原修登山之路。

那烂陀传说是释尊曾说法之处，地在王舍城东。是佛教第七大圣地。但该地兴盛实在佛入灭之后。那烂陀佛教“大学”建于5世纪，极盛时期有学僧万名以上。高僧玄奘、义净等均曾在此留学多年。12世纪后被回教徒破坏。现存遗址巨大，有许多倾圮的堂塔僧房。其博物馆中收藏佛教遗物以中古时代者为多。

释尊住世时听法弟子估计前后不过几千人，经常随侍者不过数百以至数十人。但他们亲炙佛门，身聆我佛法语，具备“如是我闻”资格（后因第一次结集时由阿难诵出佛的教诲，四字常用为阿难诵经开始的习语。但如按一般的理解，佛亲传弟子均有此资格）。其中有许多成为“声闻”。所谓“声闻”，最早的意思指亲自听到过佛的言教，觉悟而得果位者。

声闻中有十个人最有名，是释尊亲传嫡系中的嫡系。他们的形象在汉化寺院中常出现，现列举如下：

摩诃迦叶（又译作“大迦叶”，简称“迦叶”），是摩揭陀国人，出身婆罗门。称“头陀第一”。汉化寺院中常塑于释尊之侧为近侍，作老僧状，故俗称“老迦叶”。

阿难陀（简称“阿难”，意译“庆喜”），释尊的叔父斛饭王的小儿子，称“多闻第一”。常塑于释尊之侧为近侍，作青年僧人状，俗称“少阿难”。他的哥哥调达，初从释尊，后自称“大师”，分裂僧团。所以佛传和本生传中常以调达和他的“本生（前生）”做坏人的典型例证。

舍利弗，王舍城人，出身婆罗门。称“智慧第一”。先于释尊入灭。

大目犍连，就是后来中国戏曲中《目连救母》的那位目连。当然，中国人把他给汉化了，造出许多故事来。原型并非如此。他也是王舍城婆罗门。称“神通第一”。后被反佛婆罗门打死，先于释尊入灭。早期汉化佛教雕像中，也有把目连和舍利弗作为一组近侍，侍于佛侧的。

须菩提（意译“善吉”），舍卫城婆罗门，善说“诸法性空”，称“解空第一”。

富楼那（意译“满慈子”），迦毗罗卫国国师之子，称“说法第一”。

迦旃延，阿槃提国婆罗门，称“议论第一”。

阿那律（意译“如意”），也是释尊的堂弟，释尊的另一位叔父的儿子。传说他得了“天眼”，能见六道众生，称“天眼第一”。

优波离（意译“近执”），出身首陀罗，是释尊为太子时宫中的理发师。称“持律第一”。传说三藏中律藏部分由他诵出，故汉化寺院中戒坛前小山门殿必供他，称“优波离殿”。

罗怙罗（意译“障月”），释尊唯一的亲生儿子。传说为悉达多逾城出走的月蚀之夜受胎，六年后出生。少年时即从释尊出家，不毁禁戒，诵读不懈，称“密行第一”。

此外，释尊的姨母波阇波提、释尊原来的妃子耶输陀罗也出家，成为尼众成员。波阇波提是第一位尼僧。尼僧中著名的有“七相续尼”，即七位相继出家有突出表现的著名尼僧（比丘尼），除波阇波提外，还有智慧第一的差摩尼，神通第一的莲花色尼，持律第一的波吒遮罗尼，法语第一的法与尼，粗衣第一的机舍乔答弥尼，以及鹿母毗舍佉（她很富有，舍卫国东园鹿子母讲堂是她奉献的）。

以上僧尼，亲得释尊教诲，是“声闻”。除迦叶和阿难外，其他人（特别是那八大弟子）常被画在大雄宝殿佛座后板壁上，作为陪衬。涅槃卧佛像周围更常见他们的影踪，但难以明确究竟谁是谁，略存影像而已。

且说，释尊年至八十岁，自知阳寿将尽，便最后从王舍城出发，作一次巡行。他在阿难的陪同下向西北走，走到离摩罗国首都拘尸那迦不远的一个村庄波伐附近，在村外希拉尼亚瓦提河西岸的两株娑罗树下，头朝北，右手支颐，左手放置身上，双足并拢，取侧卧姿势，面向西，进入了大般涅槃（又译作“大解脱”、“大圆寂”、“大入灭”等）。是为“双林入灭”。

释尊入灭前对阿难说了遗言，大意是：已成者皆灭。不可放逸，要勤修我法。吾灭后以法为师。

释尊双林涅槃

释尊遗体被迎入摩罗国都城郊外宝冠寺，七天后大弟子迦叶赶到，主持火化仪式。火化后的遗骨称为生身舍利（本意为尸体或身骨，特指高僧火化后余骨。法身舍利则指经卷），分成八份，由与释尊因缘深的八个国家各取一份，另有迟到的两国代表，一个拣拾碎骨小块，一个扫骨灰，共合十份，各起一塔供养，总计十塔。塔是stūpa的音译简称，全译“窣堵波”，意为“高显处”或“高坟”，原是当地的一种纪念性坟墓的通称。造型简单一致：覆钵形，上立长柱形标志“刹”。

佛涅槃处是佛教第八处大圣迹，现为一个小村落，距离印度名城哥拉克浦尔五十五公里。现存古迹包括卧佛寺中长达六米的卧佛像一尊，传为释尊火化处的安加拉塔一座，以及大涅槃塔等纪念性建筑。涅槃是八相成道中第八相，佛传至此结束。

汉化佛教以农历二月十五日为佛涅槃日。

三　佛像与佛寺

（一）

从前面所述释迦牟尼临终遗嘱中透露出，他大约只认为自己是“先知先觉”、“觉者”那种意义的“佛”，而不是神化了的“佛”。他虽组织起僧伽，自为导师，但若剥去佛传中那些神秘外衣，便会产生他不过是精神领袖的印象。赞助者捐献几处地皮、房产，也不过是捐资兴学，盖几间宿舍与教室，远非近现代佛寺。释尊口传教义，并无经典。释尊在世时，禁止信徒为自己造像，有关当时造旃檀佛像的传说是后起的。他似乎是一位坚信并大事宣传自己的人生哲理的哲人智者，为了取得信徒的信仰，他需要绝对权威体现在自己身上。可他又像是在反对个人崇拜，禁止造像拜像。这是一个难以解决的矛盾。

释尊逝世后一两百年间，佛弟子遵守不造像的规矩，但已逐渐将释尊由“觉者”意义的佛逐渐神化升华而为神圣意义的佛。他们开始礼拜释尊的象征物。其中包括：

分藏佛舍利的塔和塔中的舍利；

佛成道时居于其下的菩提树；

佛在菩提树下所坐的吉祥草草垫子——后来大加美化为“金刚座”；

佛的遗物如钵、佛衣等；

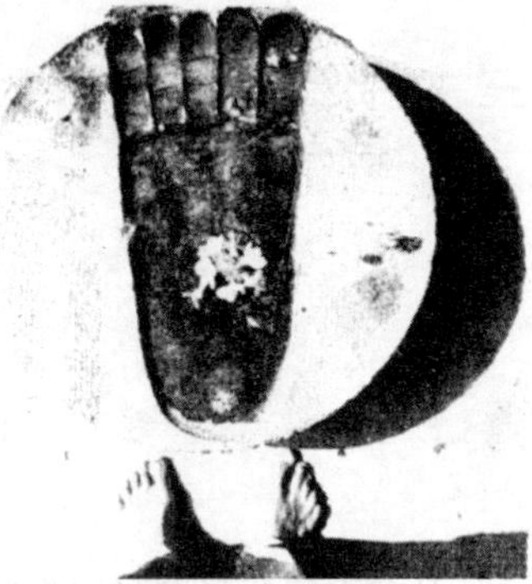

南亚次大陆的佛祖足迹，当然较常人“伟大”得多。

佛留下的足迹——后来越放越大，成为“大人迹”式的大足迹；

表示佛说法的象征物“法轮”——到了1950年，世佛联成立时，决定以法轮为佛教教徽。

在这些礼拜对象中，塔是释尊的归宿所在，成为那一段时期佛弟子的主要膜拜物。

后来，随着希腊文化艺术及其神话传说，特别是其造像艺术传入南亚次大陆，佛教徒认识到造型艺术在宣传中的优越性，才造起佛像来。最初只称佛像为“菩萨”，代表成佛前的悉达多，以示不破坏“不造像”的遗教。后来大约尝到甜头，于是一发而不可收拾，大造特造起各种佛像、菩萨像、神像来。从此，由礼拜塔转到礼拜佛像，由礼拜象征物转到礼拜具体的佛（人像）。塔本身就是一种建筑物，佛像却需找地方安置。于是，纪念堂、礼拜堂类型的佛寺佛殿勃兴。

南亚次大陆佛教徒早期活动场所多为石窟居室式，中置象征物，主要是小型的象征性的塔，四周小龛式居室住人。影响所及，发展成带有中国各时代各民族本身特色的石窟艺术，蜚声世界。这是中华民族变化改造利用外来文化影响的一种例证。佛寺则属于走另一种独立路线的例证。

洛阳白马寺，相传为纪念白马驮经传入中土而建。

相传汉明帝时在洛阳创立白马寺，为中国有佛寺之始，至今已近两千年。“寺”本为汉代从事某项具体工作的中高级官署通称，如太常寺、太仆寺、鸿胪寺之类。可见，起初的白马寺，不过是个安置外国僧人的衙门，类似如今国宾馆之类机构。中国传统的建筑思想，似乎是想在整齐划一中规定出等级。所以，无论宫殿、官署、民宅，平面布局都是院落式，变化不大，而在大小、开间等方面显示森严的等级。因此，从一开始，大概就没有想过给佛寺另搞与众不同的专用性设计，如西方基督教的大教堂那样的专门性建筑，那是很难移作他用，特别是绝不能变为民宅的。中国人走的是另一条路，即把民宅改造为寺院之路。

这种改造，看来很容易，甚至不必新造，只要“舍宅为寺”，住户迁出，和尚、佛像迁入，略加改造便可。《洛阳伽蓝（意为“众园”或“僧院”。后把佛寺称作“伽蓝”）记》中记载的许多王公“舍宅为寺”的实例，便是此种情况的反映。

但佛寺究竟是宗教建筑，以宅为寺只能解决供佛像、作法事和僧众生活、学习用房，难于突出佛教特点。于是，从“塔”这种外来的建筑形式上打主意，使它在中国完全佛教化（在早期的南亚次大陆，塔并非佛教专用），成为佛教的象征性标志性建筑。于是，改宅为寺，必在寺前造塔，或在宽大的原宅院中心造塔，形成以塔为中心、殿为附属的成组宗教性建筑群。东汉到南北朝时期一直如此。当时的寺院习称为“浮图祠”。“浮图”是“塔”的音译。而步绕诚心礼塔，亦即礼塔中舍利（汉化佛教所礼塔中舍利，包括法身舍利，即藏于塔内的佛经），就成为当时信徒主要的巡礼内容。从布道效果上看，礼塔究不如礼像感染力强。隋唐以降，造大像成风，以塔为中心逐渐蜕变成以高大的佛阁为中心。这种阁常内藏通贯各层的巨像，信徒可绕层巡礼，实在是塔与殿的化合结晶。

造大像、大阁、高塔费工费钱费时，不利于在各地迅速普及。禅宗兴起后，提倡“伽蓝七堂”制，这是佛寺向普及化、专业化发展的标志。从现代观点看，它将佛寺划分为布教区与生活区，又可再分为基本和外加两大部分。在布教区内，基本部分绝不可缺，否则不成其为佛寺。但可因陋就简。外加部分彼此间关联不大，可以因时因地制宜设置。至于塔，独成一体。有塔，寺院锦上添花；没有塔，还是个寺。

下面就以近代汉化佛寺为主，讲一讲寺院殿堂典型配置。既然是讲典型配置，就不以一个寺庙为主，请参看附图。此图有似生物学中的“模式细胞图”。可以说，没有一种细胞像模式细胞那样组织全备的，也没有一个寺院完全采用模式图那种典型配置的。

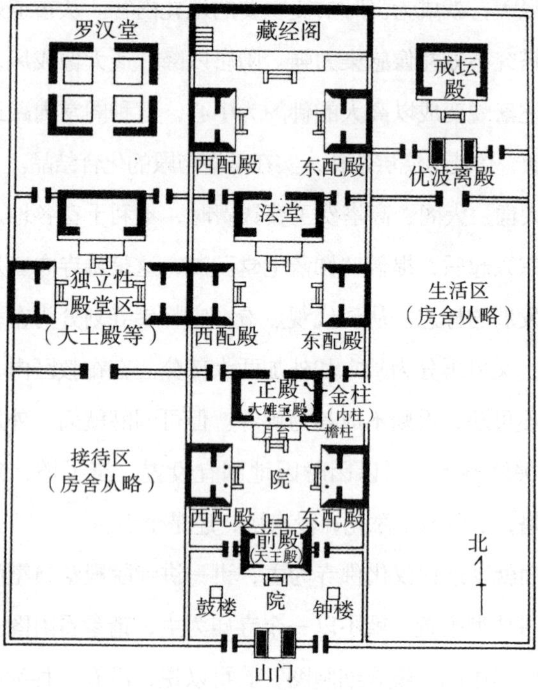

汉化佛寺配置模式图

（二）

殿堂是寺院中重要屋宇的总称。大致地说，殿是供奉佛像以供瞻仰礼拜祈祷的处所，堂是僧众说法行道和日常生活起居的地方。其名称，或按所供奉的主要神佛而定，或按其用途而定。

唐宋时代，按常规，佛寺须有“七堂伽蓝”，即七种不同用途的建筑物。佛教各宗派对其解释略有不同，一般认为是：山门、佛殿（不止一种）、讲堂、方丈、食堂、浴室、东司（厕所）。发展到近代，逐渐以佛殿为其主体突出部分，而且规范化。禅宗的殿堂配置最有章法，比较固定，故各寺多从之。但古刹常存遗制及递改之迹；山寺又多依山傍水，因地制宜，也不规则；有些位于闹市区而逐步发展起来的，或由花园、别墅、住宅改造、包容的寺院，布局每自成一格，不甚规范。如汉阳归元寺虽为大刹，而殿堂安置散漫，即是一例。下面介绍的是正规典型配置。

中国的营造法则，一般是把主要建筑摆在南北中轴线上，附属设施安在东西两侧。寺院的配置也是如此。由南往北看，主要建筑大致是：山门、天王殿、大雄宝殿、法堂，可能还有藏经阁。这些都是坐北朝南的正殿。东西配置则有伽蓝殿、祖师堂、观音殿、药师殿等。寺院的主要生活区常集中在中轴线左侧（东侧），包括僧房、香积厨（厨房）、斋堂（食堂）、职事堂（库房）、茶堂（接待室）等。“旅馆区”则常设在中轴线右侧（西侧），主要是云会堂（禅堂），以容四海之来者。

近代佛寺的基本部分，不过是两组建筑：山门和天王殿为

有一千多年历史的昆明圆通寺。以牌楼、天王殿、八角亭、大雄宝殿为轴，两旁排列着对称的殿堂。

一组，是门脸儿；大雄宝殿为一组，是主体建筑。有此二者方可称“寺”。有些小庙，特别是观音庵之类的尼庙，只有一个小院落，正房中置佛像或观音像，人住两厢。那只可算是“庵”——乃不正规的因陋就简之小庙也。

附加建筑则品种较多，各寺可按情况自由配备。

常见的供佛、菩萨等像的非主要殿堂（相对于大雄宝殿而言），先在这里总的说一说，以后依次详述。

个别的寺院有专供菩萨的观音殿、文殊殿、三大士殿、地藏殿，还有药师殿等，多作为东西配殿（大殿或法堂的配殿），或在中轴线东西侧另辟小院。有些寺院有罗汉堂。这些都是带点独立性的建筑单位。也就是说，一个寺院可以看情况配置，更宜于在发展中逐步配置。有它们是庙，没它们还是庙，不影响大局。它们彼此间也没有必然联系，各个独立。按类分，则有：

1. 佛殿：常见的为药师殿。内供药师佛，胁侍为日光、月光两菩萨。旁列药师十二神将，他们常与十二支属相相配。

此外，唐宋辽金古刹常单设密宗系统的毗卢殿，主尊为毗卢遮那佛。此种殿常盖成几层通贯以便绕层巡礼的楼阁式。

2. 菩萨殿：常见的是观音殿和地藏殿。

观音殿中供观音大士，左右近侍为善财童子和龙女。两壁有“观音三十二应身”，即观音为适应不同布道化人需要而显现之三十二种化身。

地藏殿中供地藏王菩萨。常供的是他的中国传说中的化身——朝鲜王子金乔觉，作僧装。胁侍为九华山山主闵氏父子。陪塑常有十殿阎王等像。

三大士殿则观音居中，文殊、普贤分居左右。此外，单供文殊的文殊殿也不少，普贤殿则相对地少得多。

3. 罗汉堂：纯粹中国化的、最富人情味的殿堂。常建成“田”字、“卍”字等形。中塑五百罗汉，可由艺术家自由发挥意匠创造。如北京碧云寺、上海龙华寺、汉阳归元寺、昆明筇竹寺等处的罗汉堂都各具特色。

4. 关帝庙：完全汉化的殿堂，中供关帝，关平与周仓侍立。想来是供关帝在伽蓝殿或大雄宝殿值班后休息的私邸。

5. 戒坛殿：一组独立建筑，自成格局。一般在戒坛殿前另立一个小山门殿，以示从此进入即受戒得解脱入空门之意。中供释迦十大弟子之一的优波离，故又称“优波离殿”。

生活区内有：

1. 方丈室：一寺之主（住持）的寝室兼工作室。大寺院中常居中轴线上最后一进院中，或跨院中最后一小院，以示深居简出之意。方丈室也不轻易让客人进出。

2. 茶堂：接待室，知客僧人在此办理外来联系之事。常在前院东厢房。旁边常有供应经、像、香炉、香火等物的小卖部。

3. 斋堂：僧众内部食堂。其厨房称“香积厨”。大寺另有供俗客进餐的素菜馆，不可与“香积厨”混为一谈。

4. 云会堂：寺院的招待所，常设于西跨院。

此外，一般僧人住僧房，打坐参禅在“禅房”。这些都

简朴的少林寺方丈室，本是象征着佛门淡泊之心，
却为后世小说家渲染成武林至尊的居所。

寺院僧侣的内部食堂——斋堂

常为靠墙打通铺。

高级寺院的生活区，常在东跨院内，有花园。有的东西跨院都带花园。

综观中国佛寺建筑，始终不脱通用型窠臼，而且愈到近代愈趋向于四合院式定型化。衙署有大堂，民府有正房，学校有大讲堂，佛寺有大殿，建筑外形与工程做法基本相同。舍宅为寺固好，变寺为校、署也行，主要改换内部装修与附件，用不着大兴土木改变建筑整体。

中国近代佛寺建筑的另一个特点是：总体布局也如一般民用建筑群那样，采用组合式。即以一个四合院为主体，在其前后左右可任意增减制式四合院或变式花园。主体是办公事用的，生活区在其后部与两侧。迎宾与保卫系统集中于前方。看一看故宫与各地大衙署的平面配置，就会恍然于寺院建筑群的组合思想与它们是如何的高度一致。

至于朝向，汉族通行以面南背北为轴线的安排，特别在北方，出于取暖需要，更是如此。但辽代契丹族人有“朝日”习尚，建寺取坐西朝东的轴线，如北京大觉寺即如此。

（三）

佛教供奉的佛像、菩萨像、罗汉像、神像种类极多，居世界诸大宗教之冠。因此，佛教又被人半戏谑地称为“像教”。这或者是释尊始料所未及的吧。

在佛教向各地区传播的过程中，随着时代的进展，民族的差异，各种像又都带上了时代与民族色彩。在汉化佛教中，这种色彩异常强烈。

本节中主要讲一讲以释迦牟尼佛佛像为代表的佛像，其他各种像在其他节中叙述。

小乘佛教认为只有释迦牟尼佛才是佛。大乘认为有无数佛，但也没有搞出特异的佛像来，而是把别的佛也塑造成和释迦牟尼佛像基本一样，只是“印相”（这个术语在后面讲）不同而已。所以，认识了释尊像，也就基本上认识了别的佛像。

南亚次大陆的佛教徒，大约是按照他们自己那个时代贵族的审美标准，再加上若干神化成分与标志，塑造出释尊的形象来的。可以说，那是一尊集中了各种形体形象美的、带有高度文化修养与思维气质的、具有本时代本民族特点的中年贵族健康男子造像。

在塑造释尊形象的过程中，对造像的形体形象特点，逐渐明确出具体要求，最后形成了佛像的“相好”，即在这方面的具体规定与要求。这种规定就是三十二相与八十种好，合称“相好”。

三十二相，亦称作“三十二大人相”、“三十二大丈夫相”、“四八相”等。指释尊的三十二个显著特征。它们是：

① 足下安平立相：立在大地上时，脚底与地密切结合。这一点，按现代医学来看，属于病态的“平足”。

② 足下二轮相：两个脚心各有一个“轮宝”肉纹。这在造某些趺坐像和卧佛像，特别是造大像时，是给刻绘出来的。立像则无法表现。

③ 长指相：手指、脚趾都细长。

④ 足跟广平相：脚后跟宽而圆。

⑤ 手足指缦网相：手指脚趾间有肉皮连着，如蹼。这一点汉化塑像中一般不塑出，或塑作五指并拢。

⑥ 手足柔软相：这是缺乏体力劳动的贵族的特征。

⑦ 足趺高满相：脚背高起而圆满。

⑧ 腨如鹿王相：大腿部像鹿腿纤而好。

⑨ 正立手摩膝相：令人想起刘备的“双手过膝”贵相。但在造像时，为保持正常比例，每适可而止。

⑩ 马阴藏相：汉化佛像均造成着衣形态，此相不塑出。

⑪ 身广长等相：身长与两手张开等长。

⑫ 毛上向相：身上所有的毛均向上长。此相难塑出，说说而已。

⑬ 一孔一毛生相：身上每一毛囊生一青色毛。

⑭ 金色相：全身现纤细的金色光辉。造像时以贴金涂金当之。

⑮ 丈光相：身光照四面各一丈远。造像时以后立屏风状背光当之。

⑯ 细薄皮相：皮肤细滑不容一点尘土。

⑰ 七处（两手、两足、两肩、脖颈）隆满相。

⑱ 两腋下隆满相。

⑲ 上身如狮子相。

⑳ 大直身相。

㉑ 肩圆好相。

㉒ 四十齿相：一般塑成闭口，牙齿不塑出。

㉓ 齿齐相。

㉔ 牙白相：佛像一般闭唇，㉒㉓㉔三相表现不出来。

㉕ 狮子颊相：脸蛋儿隆满像雄狮之颊。

㉖ 味中得上味相：喉中常有津液，食物与之混合，其味无

穷。造像无法表现。

㉗ 广长舌相：舌头又宽又长，又软又薄，伸出口来覆盖面部直到发际。造像不表现。

㉘ 梵音深远相：发音深沉，四远皆闻，想来是男低音超级歌唱家。亦无法表现于造像。

㉙ 真青眼相：瞳子如青莲花色。

㉚ 眼睫如牛王相：睫毛长而美，浓重而不乱。

㉛ 眉间白毫相：两眉之间略上处有一白毫，右旋盘成蛇蟠状，放光，展开则可向前直射一丈五尺长。造像时于面部该处点一白点，如今印度妇女之眉间吉祥痣状。

㉜ 顶髻相：佛发自然成螺状卷，顶上隆起一块肉如髻形。造像作中国髻形，上亦有螺发。发常作青翠色。

实际上，在汉化寺院造像中，三十二相能凑合着表现出来的，也不过十二三相，别的不过说说而已，切勿认真。

八十种好，亦称作“八十随形好”、“八十微妙种好”、“八十种小相”。是讲释尊容貌的八十种微细隐秘难于一眼看明而须待指出的特征。主要讲的是头、面、鼻、口、眼、耳、手、足各处的奇特长相。现在只拣一些造像时能表现的说说，也不按次序排了：

鼻梁修长，不见鼻孔。

眉如初月。

耳大垂轮。这又让人想起“两耳垂肩”的《三国演义》中刘备的耳朵。

踝骨深藏肉中不外露。

唇如红频婆果之色，实即红苹果色。上下唇相称。

脸宽圆洁净丰满如秋天满月，所谓“佛爷脸”。

眼眶又宽又长，眼睛青白分明。

手指脚趾圆而细长柔软，不见骨节。指甲狭长薄润，光洁明净，如花色赤铜。

头发长而不乱，右旋螺发，稠密，作绀青色。

手足及胸部皆有吉祥喜旋的“卍”字。

汉化寺院中的佛像，可说“千佛一面”。首先是不管什么佛，基本上全照释尊的形象塑造，只不过如前所说，在“印相”方面有所区别，有的佛不出肉髻，只作平顶满头螺发罢了。

其次，塑造释尊，从降生佛、成道相、说法相直到涅槃相，自小到老八十年，形象全都一样。只不过降生佛赤裸上身而下身掖着衣裳（汉化寺院中全裸体的降生佛几乎是没有的），别的则披着袈裟罢了。有的工匠为了表现涅槃佛的老态，在螺发前部开出一个三角形的无发露出头皮的区域，表示此时释尊已老年谢顶。这是中国人在与“相好”规定不抵触的情况下（实际上是钻了“相好”中无此规定的空子）所作的意匠创造。如今北京法源寺内后殿供奉的那尊卧佛，顶部即有三角区。

但是，祖师爷究竟是外国人，“相好”规定又多，想彻底改变佛爷的形象是十分困难的事。中国的帝王贵族，在其下属的谄媚下，不少人拿自己的相貌来做大佛像的模特儿。如北朝那些“秀骨清像”的石刻，还有据说以武则天面貌为范本的龙门石窟卢舍那佛，都存在着这种痕迹。但也不过面部依稀如是而已，那白毫、大耳、螺发、顶髻等，是任何活生生的中国人所不具有的。

可是，在佛传图塑中，中国人却把释尊尽量汉化。特别在他出家前，竭力打扮得像个中国王子或官人模样。可一到成了佛，就不行了，还得按着“相好”来办。所以，佛爷虽是佛殿主尊，在中国老百姓看来，终究非我族类，尊而不亲，缺乏变化。他只是一尊膜拜对象罢了。

在汉化寺院中，发挥惨淡经营的意匠，使之尽可能汉化而且变化多端的，还在非佛的那些菩萨、罗汉、天神、高僧身上。供养人更是本地风光，个个是盛装标准像，足觇时代风貌。

（四）

若是从总体上来观察近现代佛寺，从它的塑像及配合的画像背景等群体中，起码能看到如下特点：

一个特点是有主有从，主从分明。它们的组合是成系列的，主从分明，等级森严。在服制、形貌、安置地点、神态等方面，各类形象都各具特点，一眼就能看出谁属哪类神佛（但未必一眼就能看出是谁）。这是高度标准化类型化定型化的表现，对艺术家的创造性束缚很大。

另一个特点是逐步地尽可能地汉化，使之化成中国民众乐见喜闻的形象。就以“诸天”来说，帝释、梵天那些南亚次大陆早期神话中的主神，竟然穿戴上中国衣冠、幻化成中国近世汉族帝王后妃模样，真让人佩服咱们的古人就地改造外来户的本领。

汉化佛像造像的再一个特点是，经过历史上不断的发展，带有成熟的汉族文化传统与哲理气息。以菩萨而言，唐代还是三折腰，半裸上体。但乳房、脐部每以璎珞等物遮掩。近代的许多菩萨就穿起霞帔，戴上风帽。密宗的极盛只是昙花一现。那些三头八臂、千手千眼的怪像固然代代相传，在寺院中占一席之地，但并非主流。造像中主尊等均以庄严肃穆宁静安详和善为主要风格，狞恶的天王神将小鬼都是次要人物。“欢喜佛”之类，在汉化寺院中更是严禁出现。和藏传佛教、南传佛教对比，就可看出汉化佛教汉化到何种程度。

作为中国中原地区成熟而停滞的古代文化的一部分，汉化佛寺建筑与造像，每体现出这一文化的显著特点。它有机地融合在汉族固有文化之中。

四　山门与天王殿

前殿，包括山门（山门殿）、钟楼、鼓楼、天王殿这一组设施。有的寺院限于条件，常将山门与天王殿合并，取消钟楼和鼓楼。大寺理应齐备：入山门东钟西鼓（即从坐北朝南的方向看，左钟右鼓），再进则为天王殿。

（一）

佛寺大门称为“山门”。“天下名山僧占多”，寺院多居山林之处，故有此称。山门一般有三个，象征“三解脱门”，即空门、无相门、无作门。这三座门常盖成殿堂式，至少是把中间的一座盖成殿堂，叫山门殿或三门殿。殿内塑两大金刚力士像。金刚力士是手执金刚杵守护佛法的护法神。据《大宝积经》卷八《密迹金刚力士会》说，金刚力士原为法意太子，他

峨眉山报国寺山门

曾发誓说，皈依佛法后，要常亲近佛，当作金刚力士，普闻一切诸佛秘要密迹之事。他后来成为佛的五百名执金刚杵随从侍卫的首领，称为“密迹金刚”。当了卫队长，自然有坐“传达室”看门的任务。可是外来户“金刚力士”只是一个人，所以中国早期佛教的金刚力士像只有一尊。这不合乎中国人爱对称的习惯，到后来就又添上一位。

这种增加，与佛经中的说法不一致，于是有人提出质问，那么就得有人解释。唐代中国和尚为佛经作的注疏之一《金光明经文句》中解释说：据经文，金刚力士只是一位，现在寺院里却有两尊像，乃是适应外界情况变化，多一位也没什么。这是一种自我解嘲式的抹稀泥的解说。因为两位金刚已经站在那里，无法再取消，同时也没有更好的解释，也就姑从此说了。

现今寺门左右的金刚力士像，都是面貌雄伟，作忿怒相，头戴宝冠，上半身裸体，手执金刚杵，两脚张开。其不同者，只是左像怒颜张口，右像忿颜闭唇。

由于一位张口一位闭口是两位金刚的主要区别所在，就从而产生出对此情况加以解释的附会传说。据说，左像开口发“阿”声，右像闭唇发“吽”声。按佛家说法，这两个音原是梵语中开头与结尾的两个音，它们有神奇色彩，一开一合，是一切言语音声的根本（基础）。“阿是吐声权舆，一心舒遍，弥纶法界；吽是吸声条末，卷缩尘刹，摄藏一念”。“恒沙万德，莫不包括此二音两字”。说得神乎其神。可是俗人哪懂这些，他们追求别的解释法。《封神演义》中想使这二位金刚进一步汉化，就说他们是哼哈二将郑伦、陈奇死后封神而成。这就把梵语的“阿”、“吽”二音轻

吽（hōng）　　阿（ā）

轻掉舌一转，转成汉人很懂的带感情色彩的“哈”、“哼”两个词，非常通俗化大众化了。当然，有些佛教徒认为，那不过是小说家的胡编乱造，顶多也就是戏言。但据说，在云南有的寺院山门内就塑有骑火眼金睛兽的哼哈二将。可见，世俗人等，包括佛学水平不高的僧人，爱的还是汉化了的土生土长的东西，哪怕它是小说也罢。

需要补充的是：近代的山门前，总立着一块石碑，上刻“不许荤酒入山门”七字。据说有的好酒的和尚，故意把它读成“不许荤，酒入山门”。因而后来碑文又刻成“荤酒不许入山门”了。现代的寺院，因随喜的俗客太多，立碑也等于具文，所以常常不重视它，任其自灭。到了今天，此种碑百不存一矣。又，在某些戒坛殿的戒坛之后，也常设此碑，那是作为立规矩的样品。

进入山门，便可见到左钟楼右鼓楼。所谓“晨钟暮鼓”，即早晨先击钟，以鼓应之；晚上先击鼓，以钟应之。佛寺中钟鼓安置处甚多，而以钟楼鼓楼所置为最大，称为大钟大鼓。击钟用杵，宜缓，扬声欲其长。破晓前连击三通，每通紧缓各十八椎，三通总计百八钟声。以钟声能使人警悟，发人深省，引人遐思，所以每为墨客诗人歌咏时灵感所寄：“况是异乡兼日暮，疏钟红叶坠相思！”

大钟上每铸经文及铸作年代、因由、施主和铸工姓名，可为考证之资。今中国最大的古钟博物馆在北京大钟寺。当然，最著名的钟声，还是“姑苏城外寒山寺，夜半钟声到客船”。

（二）

由山门往里走，第一重殿是天王殿。内供六尊像。殿中间供弥勒，面对山门。他的背后供韦驮天，面对大雄宝殿。二位背靠背，中隔板壁。殿两侧供四大天王。

弥勒是梵语的音译，意译“慈氏”。按正规的佛教说法，他到现在为止还是一位菩萨。但他未来必定成佛，而且是佛祖释迦牟尼的既定接班人。

在此，得先说说佛与菩萨的关系。

梵语Bodhi音译“菩提”，意译“觉”、“智”，指的是对佛教所宣扬的“真理”的理解觉悟。一般地说，凡断绝世间烦恼而成就佛家最高的境界“涅槃”，便可说具有无上的智慧，也就是“觉”了，证了“菩提”了。可细分起来，“觉”又有三义：

自觉：自己觉悟，又称“正觉”；

并非供奉四大天王为主尊的天王殿

觉他：使众生觉悟，又称“等觉”（遍觉）；

觉行圆满：执行以上两项到达圆满无缺的程度，又称“圆觉”（无上觉）。

据说，凡夫俗子三项全无；就是罗汉（包括其中的“声闻”）也只具备第一项。修到菩萨的最高位——等觉位，则具备前两项。只有成佛才三项俱全。而“菩萨行”（菩萨的一切作为）的全部内容，就在争取三项齐备，从而成佛。

据《弥勒上生经》、《弥勒下生经》等佛经记载，弥勒生于南天竺的婆罗门（教士阶层）家庭，后来成为释迦牟尼的弟子。他先于释迦入灭（离开人世），上升到兜率天内院。

这里还须再补充说明佛教中“三界”和三界中的“二十八天”。

原来，佛教吸收了南亚次大陆古老的神话传说和宗教中关于“天”的种种说法，并自由地变化改造，提出“三界”说。即一切“有情众生”都处在“生死轮回”过程中，在欲界、色界、无色界三界内。只有达到涅槃境界成佛，才能超脱三界外，升入不生不灭的净土极乐世界。欲界是三界中最低的一界，居此界者都有食欲、淫欲。地狱、畜生、饿鬼在此界内，诸天神也在此界内。

欲界分为六道，即：

地狱道。

饿鬼道。

畜生道（也译作“傍生道”）。

阿修罗道（阿修罗是梵文的音译，意译“不端正”、“非天”等。原为南亚次大陆古老神话中的一种恶神，常与帝释天等进行血腥战斗，原因之一是帝释天偷抢了他家的女儿。佛教沿用变化之，将阿修罗收为“天龙八部”之一）。

人道。

天道（包括“三界诸天”，即所有未成佛之天神。汉化佛教中除原从南亚次大陆传来的外国“诸天”等外，还包括中国

六道轮回图

本地各种神，连道教诸神都统摄在内）。

以上六道芸芸众生，都脱不了“六道轮回”，即根据生前善恶行为轮回转生。轮回转生原是婆罗门教的传统说教，不过婆罗门教把它和四个种姓结合在一起，并且说得很死：各种姓的人转世还是那种姓的人。特别是下层种姓，如首陀罗，那是绝不会转生为上层种姓如刹帝利的，更遑论转生为婆罗门了。上层种姓如婆罗门，若作恶多端，倒可能降级。而天神，只是化身降入人间游戏或做事，不参与轮回。佛教沿袭其说而巧妙地加以变化，创造了除成佛涅槃以外人鬼神飞潜走全都参与轮回的说法，而且没有限制，无论什么人，罪恶越大入轮回后受苦受罚越重。帝王后妃如作恶多端，僧尼若不成材不敬三宝，来生一样变猪变狗。乞丐拾金不昧，念佛千万声，来生衣紫腰金。善行到达顶点，立地成佛，跳离三界外，不在五行中矣。这样，人人有出头希望，自然比婆罗门教受下层群众欢迎。同时，佛教又巧妙地收容和贬低了其他宗教（如婆罗门教和中国道教与民间宗教）诸神，把他们也纳入轮回之列。猪八戒虽为天蓬元帅，犯了错误一样投胎转生。不料投胎还错投了猪胎。这是中国小说家对轮回说的戏谑性创造发展。

但神佛究竟与人不同，佛教安排他们住在“天”上。欲界，除其他五道外，天道诸神居住在“六欲天”（欲界六天）之上。其中最低的两层是“四天王天”和“忉利天”，都在须弥山之上。须弥山是梵文的音加意译，意译“妙高”等。原为南亚次大陆神话中山名，认为居世界之中，诸神所居。佛教将之接收改造，说此山四面山腰有四座小山，分住四天王，是为四天王天；山顶为帝释天所居，四方各有八天，共为三十三天（梵文的意译），音译则为“忉利天”。四天王天和忉利天虽高，但须弥山仍在地表之上，故此二天称为“地居天”。其他欲界尚有四天，色界十八天，无色界四天，则为“空居天”。列表说明如下：

三界二十八天简表

<table>
<tr><td rowspan="2">欲界天
（六天）</td><td colspan="3">四天王天　忉利天</td><td>地居天</td></tr>
<tr><td colspan="3">夜摩天
兜率天
化乐天
他化自在天</td><td rowspan="7">空居天</td></tr>
<tr><td rowspan="5">色界天
（十八天）</td><td>初禅</td><td colspan="2">梵众天
梵辅天
大梵天</td></tr>
<tr><td>二禅</td><td colspan="2">少光天
无量光天
光音天</td></tr>
<tr><td>三禅</td><td colspan="2">少净天
无量净天
遍净天</td></tr>
<tr><td rowspan="2">四禅</td><td colspan="2">无云天
福生天
广果天
无想天</td></tr>
<tr><td>无烦天
无热天
善见天
善现天
色究竟天</td><td>五净居天</td></tr>
<tr><td>无色界天
（四天）</td><td colspan="3">空无边处天
识无边处天
无所有处天
非想非非想处天</td></tr>
</table>

需要补充说明的是：

欲界为有形体的众生（包括神）所居，具有食欲和淫欲；

色界为已离食欲、淫欲的众生（主要是神佛及其“眷属”）所居，但仍有形体；

无色界是已无形相的佛所居。

据此，释迦牟尼佛等佛应居于最高层的无色界才是。但那样，就没有形相可供瞻仰了，佛寺中所供的佛像也就无所依据。因此，佛教中折中的说法是：为度化众生，包括释迦牟尼佛在内的诸佛，于应化之际，暂以色身居于色界的最高一层“色究竟天”。

我们接前再说弥勒所居的兜率天。它是梵文的音加意译，意译是“妙足”、“知足”。它是六欲天中自下而上的第四重天。二十八天中，它与四天王天、忉利天是最常被提到的。其他各天，说说而已。

兜率天的出现，远在佛教建立之前，本是南亚次大陆古老神话传说中诸神游乐之所，相当于诸神俱乐部。佛家加以改造，把它划成内外两院。外院还是神的俱乐部，内院是新建的，具有释迦牟尼佛系统的某种会议室、筹备处、中转站等性质。据说，释迦降生前，就与诸天神在内院开会，讨论如何降生，然后从此院出发入胎。释迦的母亲摩耶夫人在释迦降生七天后逝世，即往生于此院。弥勒菩萨入灭时，释迦为之“受记”（作预言），说弥勒是自己的继承人，将来在度尽众生时成佛。为作好此项准备，也派弥勒往生此院。

弥勒把这个后院改造成欲界中的“弥勒净土”，凡归附弥勒的均可往生，说句玩笑话，那里是佛教“太子派”、“未来派”的大本营。弥勒要在此住四千岁（据说相当于人间五十六亿七千万岁），然后下生人间。中国元明清三代，白莲教等系统的农民起义，常用“弥勒下凡”作号召，即基于此种说法。

据说，弥勒下凡后，将在华林园（龙华树成林的花园）的龙华树（“枝如宝龙，吐百宝华”的树）下坐，成道为弥勒佛。然后在园中开三番法会，说法，度尽上、中、下三种根基的众生。是为一切成佛的“龙华三会”。但那在佛教的说法中，也是遥远的未来的事，现在的弥勒只是菩萨，充其量不过是“未来佛”。因此，弥勒的形象基本有两种：

一种作佛像，过去现在未来三世佛之一，常陪着释迦安置在大雄宝殿，不能离“三世”而独立安置。

另一种为菩萨装，常戴天冠（与京戏中的唐僧帽相似），每每单独供奉。

天王殿所供，按说应该是菩萨装的弥勒本相。那样，通佛法的善男信女，进入山门后展目观看，先从现在的菩萨接班人看到一定成佛的未来，定然精神一振。今北京广济寺天王殿、苏州灵岩寺弥勒阁等处，犹供天冠弥勒像，尚存中世遗风。可是，近现代佛寺天王殿正中主尊，都供奉大肚皮袒露笑口常开的大肚弥勒。这位又是谁呢？

天冠弥勒

原来，这是中国的弥勒化身。据说，他就是五代时的布袋和尚。这位和尚名叫契此，身广体胖，言语无恒，常背着个口袋在闹市出现，面带喜容。布袋里百物俱全，他常在稠人广众中将袋中之物倾泻于地，叫道：“看，看！”时人莫之能测。后梁贞明二年（916），他在浙江奉化岳林寺东廊磐石上圆寂。临终遗偈，曰：“弥勒真弥勒，分身百千亿；时时识世人，世人总不识。”于是隐囊而化。

汉族向来有彻底改造外来户使之归化的民族心理，化身的说法与遗偈又提供了根据，于是，北宋时便逐渐以大肚弥勒来取代天冠弥勒。近世以来，又常在他身边塑两个以至五六个小胖孩与之嬉戏，所谓“五子戏弥勒”，很受求子嗣的妇女崇仰。于是有“送子弥勒”产生。

《西游记》里很拿弥勒开心。他面前的黄眉童儿（想是从小胖孩衍化）偷了他的布袋，将诸神以至孙大圣逐一装入，浑浑沌沌，大有让他们返本还原之意，倒也厉害。可是最后点明“那搭包儿是我的后天袋子，俗名唤做‘人种袋’”，用以说明“装人”的因由，则谑而近于虐，不能被正派的佛教徒接受矣。不过这尊土生土长的大肚弥勒佛，形象着实令人喜爱，因此，各种工艺品小造像就特别多，成为中国工艺品造像中传统的典型形象之一。人们更不会忘记殿中常悬在他身旁的一副富含哲理的对联：

大肚能容，容天下难容诸事；

开口便笑，笑世上可笑之人。

大肚弥勒

（三）

如上所述，古代南亚次大陆的神话说，须弥山腹有“四天王天”。“四天王天”这个词是梵语意译。四天王天是四天王及其眷属的住处。——注意：佛教把佛、菩萨、天王的近侍、随从、信徒统称为“眷属”，与世俗的通用意义不同。——据说，这四天王天就在那有名的须弥山的山腰。那里耸立着一座较小的山，叫做犍陀罗山。此山有四山峰，四天王及其眷属分住其上。四大天王的任务是“各护一天下”，即掌握佛教传说中的须弥山四方人类社会的东胜身、南瞻部、西牛货、北俱卢四大部洲的山、河、森林、地方。所以又称为“护世四天王”。职责有点像警察。

四大天王来华，途经西域，沾染上于阗一带的风习，面目为之一变。在汉化寺院中长期驻扎下来的时候，已是隋唐时代。看他们的扮相，像汉化了的西域武将，与南亚次大陆的神很不相同了。再经过不断汉化，到明清时定型成现在寺院中所见的样子。下面分别道来：

北方多闻天王在四天王中最为突出。音译“毗沙门”。据说，他就是古代印度教中的天神俱毗罗，别名施财天（意思是“财富的赠予者”）。他在印度古代伟大史诗《玛哈帕腊达》等书中就出现过。在这些古神话中，他是北方的守护神，又是财富之神，相当于中国的财神爷。吉祥天女和他关系密切，据说是他的妹妹或妻子。在古代吠陀神话中，这位多闻天王本是帝释天的部下。帝释天音译是因陀罗，意思是天老爷，是人间英雄与天上的自然威力的结合，是雷霆暴雨的人格化。帝释天的部下大部分是武士与战将。无奈，在神话流传中，帝释天的地位越来越下降。佛教传说中还保留帝释天之名，然而势力已很微弱。毗沙门天王等也就逐渐脱离了他，自树一帜。在中国早期佛教中，他们之间的关系早已若即若离了。毗沙门天王既能充警察保护良民，又开银行发放贷款，谁不敬爱？于是他在四天王中信徒最多。我们现在所见敦煌所出毗沙门画像中，这位天王渡海行道之际，常常散布异宝金钱，散布于画幅下方，就是证明。

尤有进者，唐代产生了这样的传说：天宝元年（742），安西城被番兵围困，毗沙门天王在城北门楼上出现，大放光明。并有“金鼠”咬断敌军弓弦，三五百名神兵穿金甲击鼓，声震三百里，地动山崩。番军大溃。安西表奏，玄宗大悦，令诸道城楼置天王像。这样一来，毗沙门天王在盛唐以至晚唐五代，香火极盛。《水浒传》中写到林冲看守的“天王堂”，就是上承唐代勅建的各地专供毗沙门天王的庙堂。

毗沙门天王在这一时代的汉化寺院中香火极盛，远在其他三天王之上。有时，释迦牟尼佛的左胁侍是吉祥天女，右胁侍是毗沙门天王，真可谓一门眷属德容威神焕赫熙怡。毗沙门还有五位“太子”，其中第二太子“独健”，第三太子“那吒”最有名。唐代流传下来的毗沙门及其眷属像甚多，多见于敦煌石窟——可惜其中的画幡大部分都被盗走了——表现出的毗沙门典型形象是：

身作金色，着七宝金刚庄严甲胄，戴金翅鸟（或说是凤凰）宝冠，带长刀，左手持供释迦牟尼佛的宝塔，右手执三叉戟（有把戟画成“4”字形的，也有画执宝棒或执长矟的）。脚下踏三夜叉鬼：中央名地天，亦名欢喜天，作天女形；左为尼蓝婆，右为毗蓝婆，均作恶鬼形。天王右边是五位太子和夜叉、罗刹等部下；左边有五位行道天女和天王的夫人。

到了宋元以后，特别在明清两代，中国汉族地区佛教进一步汉化，和本国的迷信传说相调和。四大天王也进一步汉化。这也首先表现在毗沙门天王身上。唐代的狂热崇拜已成过去，他的身份逐渐与另外三位天王平等，不再特殊化。“财神”的兼职也被暗中取消。印度式三叉戟换成中国猎户用的虎叉一类兵器。又慢慢从他身上分化出一位“托塔李天王”。连他的“眷属”和兵器也全归了这位分身而出的化身：李天王即李靖，是镇守边关的中国武将。他手使中国近古才出现的兵器方天画戟，擎宝塔。他有一夫人三子一女（女儿是在《西游记》里生的），其中哪吒最有名。

“哪吒”的原型本名“那吒”，加上“口”字偏旁成为“哪吒”，更与毗沙门天王无干。两个哥哥金吒、木吒也跟着他排行。这样一家汉人，难以被极乐世界再接受。于是李靖只好在玉皇大帝灵霄宝殿之下称臣，当了天兵总司令，哪吒充任前部先锋官。金吒、木吒不忘本源，分投两位菩萨修行去了。

毗沙门天王卸下了家眷这个包袱，正好在佛门中修行，于是永镇天王殿。但因宝塔和戟连同托塔天王的名号，全都被李靖取去，眷属（特别是在出行时为他打王者幡盖的夜叉）也都别离，一急之下，只好自己打起幡来。可是一般人不认识幡幢，总瞧着像伞。《封神演义》中就说他掌“混元珍珠伞”一把，职“雨”，因为打伞和下雨有关。今所见近代汉化佛寺中，这位天王不是持伞就是拄着长柄幡。

另外三位天王，来华后也经过不断汉化改造。他们早期的形象和名讳，原来是：

东方持国天王，音译是“提头赖吒”。身白色，穿甲戴胄，左手把刀，右手执矟（南北朝隋唐时一种长矛）拄地。也有手执弓矢的。南方增长天王，音译是“毗楼勒叉”。身青色，穿甲胄，持宝剑。西方广目天王，音译是“毗楼博叉”。身红色，穿甲胄，左手执矟，右手把羂索（一种当时用来套缚兽类的五彩线绳，类似套马索），也有仅一手持宝剑的。以上所说，都是这几位天王在中国早期特别是唐代佛教画像中的典型形象。

元代塑像，东方天王手里拿的东西换了琵琶；清代塑像，西方天王手里拿的东西换了像蛇一类的动物。也有塑成龙头蛇身的。另一手持宝珠，取龙戏珠之意。更有手攥着一只尖嘴大老鼠之类动物的（此物也有塑在天王脚下的）。这些倒可以说一说。

杭州灵隐寺的东方持国天王造像，
手执琵琶张口欲歌，
唱的八成是一曲苏轼的“大江东去”。

手持宝剑的南方增长天王，
是四大天王汉化过程中
最早被定型的一个。

原来“广目”之义为“能以净眼观察”，他大约由南亚次大陆古代猎手之神变来，所以眼神好，手持罥索，身后跟着猎豹类动物。猎豹，是由西亚伊朗一带经西域传入中国的，唐代贵族打猎时也用，到了宋代就在中国绝种了。后来的人没有见过它，就凭空塑成一种像能吃蛇的獴那样的动物，取名叫“花狐貂”；又大约总觉着大将持绳有失身份，于是根据西方天王率领诸龙的另一传说，把绳子变活，成为蛇状物，取名叫“紫金龙”。蛇是可以顺着捋直的，对长有长毛的貂类动物顺着毛捋也能安抚住，故职“顺”。

原装正版的财神爷
——北方多闻天王

西方广目天王，臂缠紫金龙，
脚踩花狐貂，据《封神演义》，
是头专吃人的神兽。

今日佛寺所见四大天王形象，基本上由神魔小说《封神演义》中的描述塑造而成，汉化更为彻底，说四大天王本是中国武将“佳梦关魔家四将”，死后才经姜子牙开封神榜派去西方做四大天王。至此，四大天王的就地改造工作基本完成，甚至进行了“返派遣”。至于毗沙门天王分出的化身托塔李天王，以及他的三个儿子，特别是哪吒，经过《封神演义》、《西游记》和戏曲的连续塑造，早已脱离本根，在群众中家喻户晓的程度也远远超过四大天王了。汉族潜移默化消化改造外来事物的能力，实在巨大。同时也证明了，外来事物，只有扎根分蘖，土生土长，适应当地气候，才会焕发出新的生命。就连四大天王的兵器，也经过了汉语“双关”式的改造（《封神演义》所说与前图所述略有不同）：

增长天王魔礼青　掌青光宝剑一口　职风（剑有“锋”，“风”、“锋”谐音）

广目天王魔礼红　掌碧玉琵琶一面　职调（“调”弦理曲）

多闻天王魔礼海　掌混元珍珠伞一把　职雨（下“雨”打伞）

持国天王魔礼寿　掌紫金龙花狐貂　职顺（“顺”着捋）

至此，四大天王就成为汉化了的护国安民、风调雨顺的佛教天王，只是他们经过了脱胎换骨的改造，已经面目全非了。

（四）

韦驮天（托杵）

韦驮天，与大肚弥勒佛背靠背，中隔板壁。他是佛寺的守护神，世称韦驮菩萨。他的塑像，通常有两种姿势：一种是双手合十，横宝杵于两腕，直挺挺地站立；一种是左手握杵拄地，右手叉腰，左足略向前立，有点像今天的稍息姿势。他面向大雄宝殿，注视出入行人动向。这尊天神，恐怕从一开始就是由中国人创造的，起码是在中国土地上降生的外国种。

首先，“韦驮天”这个专名来历就不明，据说原来是室犍陀天（意译“阴天”）的译音讹略。而室犍陀天本是婆罗门教一位天神，在佛教中并无显赫地位，很少出现。

可是唐代高僧道宣梦见一位“韦将军”，自称是“诸天”之子，主领鬼神。在释尊入涅槃前，敕令韦将军在南瞻部洲（佛经中世界四大洲之一，中国在此洲）护持佛法。从此故事生发，说韦将军是天人韦琨。并说，四大天王部下各有八将军，合为三十二将。韦将军是南天王部下八将军之一，居三十二将之首。他童真即修梵行，面受佛嘱，周统东、西、南三洲巡游护法事宜，故称“三洲感应”。不知何时，把他和“韦驮”混在一起，成为一个神了。由于他以护法为事，所以又把密迹金刚的手持金刚杵护法的形象和他搅在一起，造出一些他守护伽蓝的传说来。于是，他的形象基本上固定下来：作中国青年武将状，白脸或金脸，顶盔擐甲，称为“童子面貌，将军威仪”。手持金刚杵。此种杵为长条柳叶状一字杵，次大陆的人没有见过，出现于中国中古以后武术家的手中，美其名为“降魔

古代南亚次大陆的战神室犍陀天

杵”。中国小说中大力武将如哼哈二将用之，有膀子力气的武侠如《三侠剑》中的孟金龙、贾明亦用之。佛殿镇山门金刚也用。它是中国化的杵。作为武器，中国杵远比次大陆原型的金刚杵好使。

到了《封神演义》，更努力使韦驮彻底汉化。那位手使降魔杵后来投奔西方肉身成圣的韦护，就是韦驮的“溯本追源”式完全汉化造型。他的姓名“韦护”，想是从“韦驮护法”点化而来。《封神演义》中那两句诗：“历来多少修行客，独尔全真第一人。”也是在以“全真”点明“童真梵行”。在向西方进行返派遣这一点上，中国小说家的创造性实在可惊。

尽管高僧和佛学家知道弥勒、四大天王、韦驮天等原来是谁，可是一般人包括近代的塑像工人在内，恐怕还是按《封神演义》、《西游记》的描述去理解和塑造他们的。他们是中国的弥勒、四大天王和韦驮天。

（五）

哪吒是中国古典小说戏曲中塑造得十分光辉出色的一个文学艺术形象。前面已经介绍了他的出身由来。这个例子使我们悟到，佛教是如何将南亚次大陆神话经过改造和长途转送到达中国。这些神随着佛和菩萨经中亚向汉地转徙，搬迁时免不了沾染一些西域风习。到达中原后，为适应扎根分蘖需要，随时代发展逐步汉化。当然，也保存了一些本色。经过中国古代小说家尽情采撷，随意变动，每每化腐朽为神奇，变舶来品罐头为伏地鲜货，给中国小说增添了新的活力。可以说，若不借这点佛光，中国的小说，特别是神魔小说，必将减色不少。

我们更要看到另一方面，即，中国古代说书人和小说家的创造力实在大得惊人。他们往往只借一点因由，便生发开去，化化生生，幻出许多新颖奇特的人物图像。他们借助于丰富的想象力，有时简直像是超越了时代，具有某些近现代科学幻想小说家的预见。这些，特别在《西游记》、《封神演义》两部奇书中有充分的表现。哪吒，就是这样的换骨脱胎一化身。

哪吒是中国神魔小说中塑造得成功的人物之一。他的原型是四大天王中北方毗沙门天王的三太子“那吒”，那是毫无疑问的。可是，关于那吒的原始记录，实在既不多又不生动。《佛所行赞·生品》中说：“毗沙门天王生那罗鸠婆（又译作‘那吒俱伐罗’，简称‘那吒’），一切诸天众皆悉大欢喜。”干巴巴的几句而已。唐代郑棨《开天传信记》和《宋高僧传·道宣传》中有关于他的报道，但只说是位青年人，以护法为事。敦煌藏经洞中所出几幅毗沙门天王图，常见随从多位，其中有青年人，可能是他，但难以指实。唐代的早期情况，不过如是。

可是，宋代普济《五灯会元》卷二中为那吒特立专条，并简介说："那吒太子析肉还母，析骨还父，然后现本身，运大神力，为父母说法。"这就暗示有新的故事在出现。到了明初出版的《三教源流搜神大全》，卷七所载，名字已由"那吒"变成"哪吒"，故事也长多了，丰富多了，和《西游记》第八十三回对哪吒出身的简述差不多；《封神演义》第十二回到第十四回所述也大致如此，不过细节丰富生动多了。这三者究竟谁先谁后，谁影响谁，恐怕很难稽考了，说不定同出一祖。

还是看看小说家独到的创造吧。哪吒身上，化洋归土，脱胎换骨，而又点铁成金之处，少说也有两处。

一个是"莲花化身"。它源出佛门，盖无疑义，可是，中国小说家把它搞得非常具体而灵活得用。说具体，《三教源流搜神大全》中已颇见端倪，可是，《封神演义》又较之具体生动多了：

> 哪吒受了半年香烟（按：受香烟一段是《封神演义》独有，引起后来战李靖、李靖托塔等情节，环环入扣），已觉有些形声。一时到了高山，至于洞府。金霞童儿引哪

吒见太乙真人。真人曰："你不在行宫接受香火，你又来这里做甚么？"哪吒跪诉前情："被父亲将泥身打碎，烧毁行宫。弟子无所依倚，只得来见师父，望祈怜救。"真人曰："这就是李靖的不是。他既还了父母骨肉，他在翠屏山上，与你何干！今使他不受香火，如何成得身体？况姜子牙下山已快，也罢，既为你，就与你做件好事……"叫金霞童儿："把五莲池中莲花摘二枝，荷叶摘三个来。"童子忙忙取了荷叶莲花，放于地下。真人将花勒下瓣儿，铺成三才；又将荷叶梗儿折成三百骨节，三个荷叶，按上中下，按天地人。真人将一粒金丹放于居中，法用先天，气运九转，分离龙坎虎，绰住哪吒魂魄，望荷莲里一推，喝声："哪吒，不成人形更待何时！"只听得响一声，跳起一个人来：面如傅粉，唇似涂朱，眼运睛光，身长一丈六尺——此乃哪吒莲花化身。（《封神演义》第十四回）

奇更奇在这莲花化身灵活得用。你看他竟无三魂七魄，可又是个活生生的人，奇也不奇！因此，在战场上独有他大占便宜。凡是用勾魂术的，如"呼名落马"的张桂芳，鼻哼白光的郑伦，头顶现红珠的丘引，手持招魂幡的法戒，祭起"四肢酥”的龙安吉，哪吒是天生的不惧。余化的化血刀见血封喉，哪吒受刀伤后也能延宕时辰。如此塑造人物，既在常人意想之外，又在神魔小说容许的情理之中，使人叹为观止矣。

哪吒脚踏的风火二轮也够神的：

> 把脚一蹬，驾起风火二轮。只听风火之声，如飞云掣电。（《封神演义》第十四回）

按，南亚次大陆古代贵族盛行用马拉战车作战与狩猎，逐渐将战车神化，认为它无坚不摧。单个的车轮，常作为这种神化的象征物绘出，称为“轮宝”。这轮宝是金属制成，分金、银、铜、铁四种。当时各小国军政领导合一的国王兼战车部队司令也向往神化了的“转轮王”。据说此王能自天感得轮宝，转动轮宝（似为手持转动），降伏四方，是征服世界的大王。又说此王驾轮宝飞行空中，亦称“飞行大帝”。佛教袭用其说，有四大转轮圣王的说法。释迦牟尼佛未出家前，其父希望他做世俗的转轮王；成道后，转法轮，成大法王，至今法轮常转。那佛化了的车轮标帜，也定为世界佛协的会徽。可是，真正继承了转轮神话的精神，并把它发展改造得更加神乎其神的，还得算中国小说家。您看，两脚各蹬一轮，那轮子自然发风冒火，自动开行，陆地空中两用，每使对阵敌将为之丧胆。除了其威力可畏以外，敏感的读者会掩卷沉思：哪吒非有杂技演员的超群轻功不可，不然，他脚踩不相连属的两只轮子，又不断前行，怎么站得住！

笔者常想，发明自行车的人比发明汽车和火车的人更有天才，更富想象力。他需要克服常人认为无法做到因而不往那里想的思想阻力。在文学领域中，风火轮更是一种基于现实与神话，而又发展了神话超乎现实的带科学幻想意味的想象。当然，如前所述，莲花化身及其功用的艺术构思，其想象更为新奇。真是匪夷所思。

五　大雄宝殿

（一）

现存辽金时期最大佛殿——
大同上华严寺的大雄宝殿

天王殿再往北，就是正殿，俗称“大殿”，正名“大雄宝殿”。这是供奉佛教缔造者和最高层领导者——“佛”的大殿。大雄，是对佛的道德法力的尊称，具体指的是佛有大力，能伏“五阴魔”、“烦恼魔”、“死魔”、“天子魔”等“四魔”。供奉的主要佛像称为“本尊”（又称主尊），但究竟供的是哪位佛呢？随着各时代崇尚的发展变化和宗派之不同，出现了多种情况。单从主尊数字看，一般就有一、三、五、七尊四种。佛名尊称计有释迦牟尼佛、阿弥陀佛、药师佛、弥勒佛、燃灯佛、毗卢遮那佛、卢舍那佛等多位。还有成组不可分的五方佛五尊，过去七佛七尊。

供一位主尊的，一般供奉的是佛教缔造者释尊即释迦牟尼佛的像。常见的标准像均按“相好”塑绘，有三种典型姿态：

神态庄严的“成道相”，
象征着释尊慈悲济世的精神。

一种是结跏趺坐（俗称盘腿打坐），左手横放在左脚上，名为“定印”，表示禅定的意思；右手直伸下垂，名为“触地印”，表示释迦在成道以前，为了众生牺牲自己，这一切唯有大地能够证明，因为这些都是在大地上做的事。这种造像名为“成道相”。表现的是释尊在菩提树下成道的瞬间。

结跏趺坐的方式，也有讲究：先把右脚脚心朝上压在左大腿上，再把左脚如法照样压在右大腿上，这种坐法名为“降魔坐”，又称“降伏坐”。反之，即先左脚后右脚的盘腿坐法，名为“吉祥坐”。

再一种亦是结跏趺坐，左手横放在左脚上，右手向上屈指作环形，名为“说法印”，这是“说法相”。“说法相”表现释尊在法会上说法开讲时的瞬间。

释迦牟尼佛的“制式”坐像就是上述两种。

再有一种立像，左手下垂，右手屈臂向上伸，名为“旃檀佛像”。传说释迦在世时，优填王用旃檀木按照释迦的形象雕成这样的像。后来仿制的也叫做旃檀佛像。下垂手势名“与愿印”，表示能满足众生愿望；上伸手势名“施无畏印”，表示能解除众生苦难。

大殿中的释迦牟尼佛，典型姿势就是这三种。一般身披通肩或袒右肩袈裟，手上绝不持任何物件。

前面已经讲到，所有的佛，其形象都按释迦牟尼佛造像的“相好”来塑造或描绘，最多是取消“顶髻”而已，所以“千佛一面”。那么，如何区别这些佛呢，主要靠“印相”。印相，指各种佛像、菩萨像、诸天像、罗汉像空手时的手势和身体姿势以及持物时的姿势与手持器具。在塑像和画像中体现的，当然都是瞬间凝固态。

这种用手指的某种凝固形式来显示一种状态的做法，单从手的动作结构凝固形式来说，叫做“手印”。连同全身那凝固了的姿态以及所持物品，总称为“印相”。它有点像京剧的“亮相”，又像为武术家练功或教师上课摄取某种典型姿势

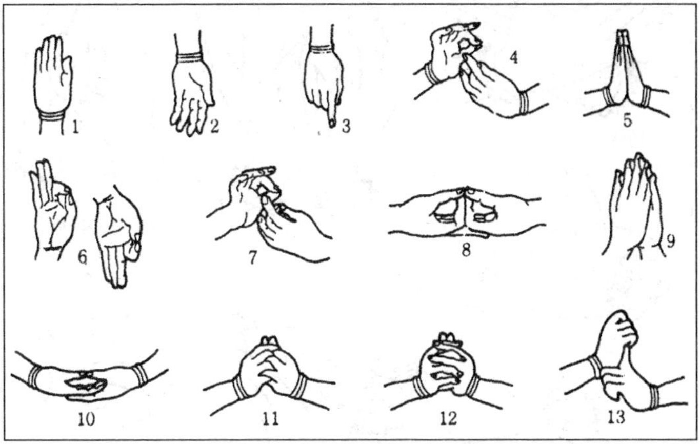

常见的手印

1 施无畏印 2 与愿印 3 触地印 4 说法印

5 合掌印 6 安慰印 7 转法轮印（即说法印）

8 弥陀定印（即上品上生印） 9 金刚合掌印

10 法界定印 11 内缚拳印 12 外缚拳印

13 智拳（智慧）印

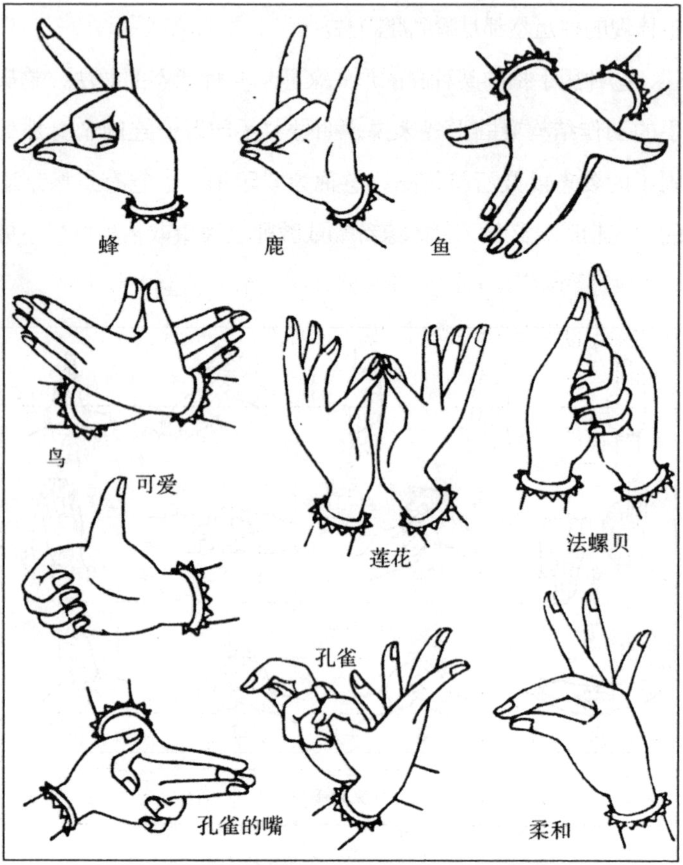

古代南亚次大陆舞蹈家的手势。
佛教的手印想必受到它的启发。

相片。总之，它是显示手和身体的某种凝固住的动作的公式化造型。这种定型化的造型称为“印”，而印的形相称为“印相”。印相是标志着“法界之性德”，即佛、菩萨等的工作情况、心理状态和性格的，是如契约一样不可改变的，故在这种意义上又称为“印契”。佛教，特别是密宗，手印繁多，法宝不少，能出一本专门图集。本书只能拣要紧的说。

因为手印在印相中最关紧要，所以给左右双手和十指在印相中所具的代表作用都作了规定。列表如下：

左手（定手、理手、月手）						右手（慧手、智手、日手）				
1	2	3	4	5	内涵	5	4	3	2	1
大指	二指	中指	四指	小指		小指	四指	中指	二指	大指
智	力	愿	方	慧	十度	檀	戒	忍	进	禅
空	风	火	水	地	五大	地	水	火	风	空
识	行	想	受	色	五蕴	色	受	想	行	识
轮	盖	光	高	胜	五佛顶	胜	高	光	盖	轮

以下略作解释：

十度，即“十波罗蜜”。波罗蜜，全音译为“波罗蜜多”，意译“度”、“到彼岸”，意为从轮回于生死的此岸到达涅槃解脱的彼岸。大乘佛教一般以六项修持内容为到达彼岸的方法或说途径，称为“六度”，它们是：布施（音译“檀”、“檀那”）；持戒（简称“戒”）；忍；精进（简称“进”）；定（禅那，简称“禅”）；智慧（般若，简称“慧”）。后来法相宗又扩展出“方便善巧”（简称“方”）、愿、力、智。共成十度。

五大：佛教认为世界由地、水、火、风四大基本物质构成，再加空大，成为五大。最后“四大皆空”。它是佛教对物质世界构成的基本认识。

五蕴：蕴是意译，有“积聚、类别”之义。共分五类。其中色蕴是物质世界的显现；其余四蕴为受蕴（对物质世界的感受）、想蕴（思想，考虑问题）、行蕴（受外界影响而行动）、识蕴（把受、想、行所得集合在一起，形成哲理性思维），属于个人精神世界思想行动范畴。

五佛顶是密宗所传释迦牟尼佛头顶上现出的五尊佛，即金轮（轮）、白伞（盖）、光聚（光）、高、胜五佛。

这些都不必深究，只在研究佛手的时候，拿着表格对照揣摩其含义也就是了。

必须说明：手印是指全手手势，有时还得连着上臂下臂姿势看。更有双手的组合。单看一指是看不出所以然的。以上所述，只不过是给爱寻根究底的读者说说，组合时（像词联成词组和句子）其最小单位某一手指显示的初始含义是什么而已。要看出从印相中显示的是哪位佛、菩萨、天神、罗汉，得结合着手印、持物、身姿、四周环境陪衬等仔细端详。为此，本书中此后讲印相，涉及面较宽。

佛像安置于台座上，一般为“莲华座”，即作莲花形的台座。也有方形的，象征须弥山，称为“须弥座”。讲究的大殿佛像台座，常为莲华座下以须弥座为台基。“莲华座”是“莲华藏世界”的象征。这个“世界”是诸佛“报身”所居的“净土”。这种净土由“宝莲华”构成，故名。有关“莲华”、“报身”、“净土”等词语含义，下面将有解释，这里先说到此为止。至于“须弥座”，在中国建筑的营造法则中，逐渐成为高级建筑外部下层台基的定式做法，不限于佛殿内部台座。当然，佛殿台座带有自己的特色。其制式为多层煞腰台座，腰部常雕绘各种鬼神力士。

佛像后一般安置光背，以象征佛的身光。光背常做成极为华丽的叶形屏风状，还可细分为项光（俗称“头光”）、身光等层次。

项光常为圆形，简单的画图在头外画个圆圈就是。身光，

宋式须弥座

清式须弥座

不同时代的须弥座，从中可略见中国建筑艺术的演变。

简单的也是在身两旁或身后画或塑出曲线来就成了。但塑像后屏风状项光加背光常华丽繁缛，讲究很多，时代风格各异。也能编出一本图集来。

只有佛和高级有名号的菩萨（特别在其不做胁侍而单独供奉时）才项光、身光齐备。一般说来，罗汉、诸天、级别低的菩萨（如供养菩萨）都只有项光而无身光。个别简单画像中连该有身光的都可略去而单存项光，但乱加身光给资格不够者是不行的。

（二）

净土宗的寺院中，也有在大殿里供阿弥陀佛的。阿弥陀佛是音译。意译是“无量寿佛”。他是“西方极乐世界”的教主，能接引念佛的人往生“西方净土”，所以又名“接引佛”。

在此，得把几个佛教术语“净土”、“极乐世界”、“接引”等说一说。

佛教认为，从时间角度看，迁流不断的社会里，万物都在流转之中，以“现在”为基点，可分为现在、过去、未来三“世”。从空间角度看，社会万物都在十方（十个方位）中活动，这十方就是东西南北、东北西北东南西南、上下，

在净土宗的寺院大殿内被奉为主尊的阿弥陀佛像。净土宗是汉化佛教的一派，影响极大，自宋以后，凡禅宗、天台宗、华严宗、律宗学者，无不兼习净土。初祖晋朝慧远，首创莲社，故亦名莲宗。

合为“界”。社会万物活动，同时占有时间与空间，是名“世界”。宇宙间有无数世界。具体地说，我们所居的世界，是以须弥山为中心，以铁围山为外郭，在同一个太阳和月亮的照耀下，分为四天下。这是一个“小世界”。一千个小世界为一个“小千世界”；一千个小千世界为一个“中千世界”；一千个中千世界为一个“大千世界”。大千世界中包括小中大三种“千世界”，故称“三千大千世界”，以定数代不定数，它就代表了宇宙间无数世界。从佛教的观点看，世俗众生所住的世界肮脏污浊不堪，称为“秽土”、“秽国”。与之相对的是佛所居的世界，是为“净土”、“佛国”。大乘佛教说有无数佛，故有无数净土。信佛修行，最终目的就是在死后脱离秽土，往生净土。

净土虽多，最著称的，最为信士向往的，还是阿弥陀佛所居的西方净土。此净土称为“极乐世界”，是意译，音译是“须摩提”。据说此世界中以阿弥陀佛为首，常为众生说法。生活在其中的万物无有众苦，但受诸乐，故名“极乐”。阿弥陀佛最为慈悲济世，不断接引信士往生此净土。据汉化佛教影响最大的宗派净土宗的说法，只要信仰阿弥陀佛，并不断称念阿弥陀佛名号，死后阿弥陀佛就“来迎”“接引”，“往生”于极乐世界。因其方法简便易行，而且效果明显，虽然死无对证，受麻醉求安慰的芸芸众生也趋之若鹜。以至到了现

净土宗发源地庐山东林寺，山门大书“南无阿弥陀佛”名号。
南无（namo），梵语，表示恭敬。意为敬礼。原形为namas。
今印地语中犹称namaste，意为“向你敬礼”。

在，在汉化寺院中，就是对着别的佛，包括祖师爷释迦牟尼佛，信徒七众口中还是念的“阿弥陀佛”。

关于极乐世界即西方净土的情况，《阿弥陀经》、《观无量寿经》等有细致描述。佛殿中一般据此二经以大幅壁画表现之，这种壁画称为“经变”，它的意思是：壁画是佛经的“变现”或“变相”，也就是把经文中的故事变为图像。

西方净土变大都是据《阿弥陀经》画的，所以也叫阿弥陀净土变。但也有一些是据《观无量寿经》画的，简称观经变。总之二者都是描绘佛所居的西方极乐世界的情景的。这个世界据说是庄严皎洁，没有五浊烦恼；表现在画面上是阿弥陀佛端坐在中间的莲座上，左右是胁侍观音势至二大菩萨，围绕这三位的是无数眷属圣众，包括罗汉、护法的天王神将、夜叉力士和许许多多的供养菩萨。佛的座前是一部伎乐。舞者在中央，或独舞，或对舞。敦煌莫高窟唐代壁画中著名的反弹琵琶乐伎就常充任中央独舞的角色。应该指出，反弹的琵琶只是舞蹈家的道具，没法弹奏。真正的乐队在其两侧，多至数十人，乐器各异。再前面则是宝池莲花，有种种奇妙杂色之鸟。佛的身后则是菩提双树，楼台殿阁，虚栏相连。上面彩云缭绕，飞天飘舞，并有远山杂树。整个画面以阿弥陀佛为中心，构成花团锦簇似的，富丽庄严、气象万千的极乐天国。这实际上是地上贵族生活的升华。画面中阿弥陀佛和菩萨及其部众躯体比例的大小和地位的不可逾越，表现了严格的古代社会的等级观念；乐舞的场面，是中国中古盛大歌舞会演通过艺术加工的曲折再现。楼台殿阁也是按照汉家宫阙塑造出来的。这种经变画在唐代基本定型，近现代佛寺中所绘，是带有宋、明气息的仿制品。

统治者生前享尽荣华，死后还想登升极乐世界；广大劳苦大众在现实生活中忍受压迫和痛苦，不得不把美好的生活愿望，寄托在死后和来生的渺茫的信仰中。西方净土变就在这样的条件下大大兴盛了起来。这个“天上、人间”的交响乐章，当时曾震撼了多少人的心弦。

这种大型经变画，除了极乐世界西方净土外，常见的还有东方药师净土和弥勒净土，以下分述。在此要插说的是，佛以莲华（莲花）喻妙法，各种净土均称莲华藏世界，又称莲华国。佛菩萨在此中的日常座位（常座）就是莲华台。净土，特别是西方净土和弥勒净土，以莲华为众生往生之依托。莲华在佛教中占十分重要的地位，以至佛寺别称“莲刹”，以喻西方净土所在，因此，把莲华说一说。

南亚次大陆的莲花，是一种“睡莲”，叶子是椭圆形的，与中国的荷花（叶子是圆形）不是一种。次大陆早期神话中，就把这种睡莲看得非常神圣。大神毗湿奴（遍入天）就站或坐在盛开的莲华瓣中，有时也手持莲华。大梵天也高坐于莲台之上，有的神话说他是从开放在毗湿奴肚脐上的莲华中生出来的。佛教采撷了这朵鲜花，让它开放得更为神奇。大致说，佛经中提到的莲华有如下四种：

音加意译为“钵头摩华”的，意译为“红莲华”，简称“红莲”。

音加意译为“优钵罗华”的，意译为“青莲华”，简称“青莲”。

音加意译为“拘勿头华”的。此花，有说是黄色的，有说是红和白两种色的。

音加意译为“芬陀利华”的，意译为“白莲华”，简称“白莲”。此种华最贵重，是莲华的总代表。

此外，还有一种“泥卢钵罗华”，据说也是青莲之一种。

还有，据《观无量寿经》说，信徒命终时，阿弥陀佛与其诸眷属（即阿弥陀佛的部下）持金莲华，化作五百化佛来迎。金莲华简称“金莲”。

中国人对睡莲不熟悉，汉化寺院中塑绘的全是中国土生土长的荷花。好在佛教看中此花的是“出淤泥而不染”，中国荷花在这方面的造诣绝不比次大陆睡莲差，充任代理殆无愧色也。

现在，让我们再回到阿弥陀佛身边来看。在大殿中供奉为

单凭“出淤泥而不染”这一点，
莲花已赢得西方佛国与中土众生的欣赏、垂青。

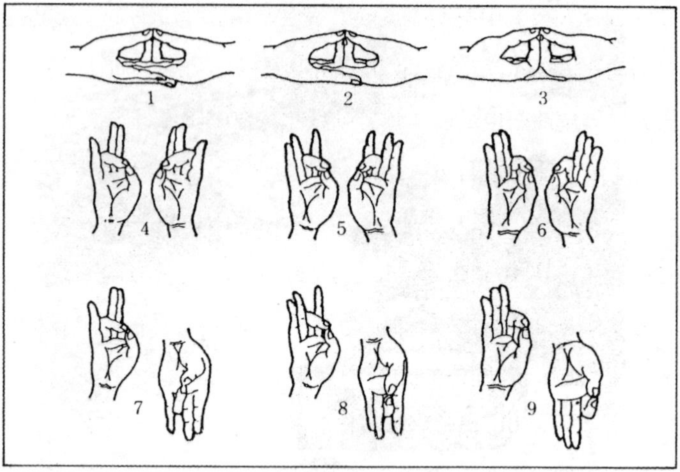

九品手印图：

1	下品上生	2	中品上生	3	上品上生
4	下品中生	5	中品中生	6	上品中生
7	下品下生	8	中品下生	9	上品下生

主尊时，阿弥陀佛常显示的典型印相有两种。一种作接引姿势：右手垂下，作与愿印；左手当胸，掌中有金莲台。也有双手捧金莲台的。这个金莲华台座就是众生往生极乐世界后的座位。净土宗将它分成九等，称为“九品莲台”。往生的众生，可以按念佛的“功行”深浅，按品“依托”。这种按“上上、上中、上下，中上、中中、中下，下上、下中、下下”的九品排列法，显然是中国的玩意儿。西汉“九品论人”，《汉

书·古今人表》中有明确反映。魏晋“九品官人”成为定法。直到清朝，官员品阶还是九品（但系一至九又分正从的十八级）。算命抽签也是按九级。可见此法在中国源远流长。

要是不托金莲台，阿弥陀佛就用双手作出“上品上生”以至“下品下生”等九种手印。作某种手印，就是对往生者说明：他来生入九品中哪一品。这九种手印请参看附图说明。在大雄宝殿上，阿弥陀佛永远作两手交叉、两大指对顶的上品上生手印。来烧香的谁都愿意取得最高席位，为了以广招徕，阿弥陀佛也只好这样办了。也有同时塑九尊像各出一品中一生手印的，如四川大足石刻中就有。但须配以往生连环画式辅助说明图，简介哪种人才配生哪一品哪一生，以对芸芸众生诫示。

（三）

供三尊佛为主尊的，叫“三佛同殿”，情况比较复杂，有多种安排方式。这一节先谈谈“横三世佛”和“竖三世佛”。

先说“横三世佛”。这里的“世”，指三个空间世界。以其同时存在，故名“横三世”。在殿中的安排是：

正中为娑婆世界的释迦牟尼佛。胁侍为文殊、普贤两菩萨。

左侧为东方净琉璃世界的药师佛。胁侍为日光、月光两菩萨。汉化佛教的药师佛的典型形象是左手持钵内盛甘露，右手持药丸。

右侧为西方极乐世界的阿弥陀佛。胁侍为观世音、大势至两菩萨。阿弥陀佛掌中有莲台。

释迦牟尼佛、阿弥陀佛两位佛，前面已讲过，下面单说说药师佛。

苏州西园寺大雄宝殿上的横三世佛与并立着的诸尊侍者

药师佛法相

药师佛是意译，全称“药师琉璃光如来”，亦称“大医王佛”、“医王善逝”等。是“东方净琉璃世界”的教主。《药师经》中称他曾经发过十二大愿，要满足众生一切愿望，拔除众生一切痛苦。“十二大愿”是经中所指的对来生的十二种美好的愿望，如得种种上妙衣服，鼓乐众伎，随心所欲；上妙饮食，饱足其身；解脱刑戮牢狱一切忧苦；转女成男；众病悉除；端正聪慧；不坠恶趣等等。

药师佛的净土称“东方药师净土”，也常画成经变，它的构图基本和西方净土相同。

由于药师佛有起死回生之力，所以信仰者祈愿者就特别多，有特设诊所的必要。因此除大雄宝殿上供他外，常为他单设一“药师殿”（俗称“药王殿”）供奉，除胁侍日光、月光两菩萨外，旁侍“药师十二神将”。这十二员大将全都顶盔擐甲手持武器，按十二地支生肖配合昼夜十二时辰轮流值班。十二生肖往往在头盔上显现。列表如下：

神名	身色	武器	时辰
宫毗罗	黄	宝杵	子
伐哲罗	白	宝剑	丑
迷企罗	黄	宝棍	寅
安底罗	绿	宝锤	卯
摩尼罗	红	宝叉	辰
珊底罗	褐	宝剑	巳
因达罗	红	宝棍	午
波夷罗	红	宝锤	未
摩虎罗	白	宝斧	申
真达罗	黄	宝索	酉
招杜罗	青	宝锤	戌
毗伽罗	红	宝轮	亥

这些神将不见于大雄宝殿。

再说“竖三世佛”。

“竖三世佛”的“世”，指因果轮回迁流不断的个体一生中存在的时间。三世，即过去（前世、前生）、现在（现世、现生）、未来（来世、来生）三世。以其在时间上是相连续的，故俗称“竖三世”。在殿中的安排是：

正中为现在佛，即释迦牟尼佛。

左侧为过去佛，即燃灯佛。这个佛名是意译，一译“锭光”。佛经说他生时身边一切光明如灯，因此得名。并说释迦牟尼未成佛时，燃灯佛曾为他“授记”（预言将来成佛的事）。从辈分上说，他是释迦的老师，所以算过去佛。他的像常作法界定印姿态。

右侧为未来佛，即弥勒佛。从尊师重教衣钵相传的观点看，这三位佛是太老师、老师、学生三代同堂。

除此以外，对以上几位佛，除燃灯佛外，三佛同殿还有另外两种搭配方式，即：释迦牟尼佛、阿弥陀佛、弥勒佛三佛同殿的，另有释迦、药师、弥勒同殿的。其中弥勒的胁侍常为无着、天亲两菩萨。以上两种三佛同殿的安排，近世少见。

在此略说说无着与天亲。佛教的菩萨每如《红楼梦》第五十回“暖香坞雅制春灯谜”：“‘观音未有世家传’，打四书一句。”谜底是“虽善无征”。不仅观音，四大菩萨的生平都在虚无缥缈间，很难稽考。南亚次大陆的古代神话和早期佛教中不见他们的影踪。倒是在中国，有关他们的灵异传说愈来愈多，而且自立道场，定居汉化，臻于极盛，东传日本、朝鲜。他们与中国人香火缘深。无着与天亲却与以上大名鼎鼎的菩萨刚好成反比：这二位实有其人，对佛教理论贡献颇大，只是在华香火冷落，知音不多。

无着又作“无著”，音译“阿僧伽”；天亲又作“世亲”，音译“婆薮槃豆”、“伐苏畔度”等。据说是亲兄弟（另有一小弟，名行不显），公元四五世纪间南亚次大陆大乘佛教瑜伽行派的两位主要创始人。瑜伽是音译，意为“相应”，即与外界事物相顺应。有五种相应。现代练瑜伽功的是一种与大自然顺应的方法。瑜伽理论的主要内涵则是：修行的整个目的，就是用佛教的（该宗派的）世界观取代世俗的世界观。这一派把佛教理论深入化和精密化，并发展了佛教逻辑“因明学”的方法。公元五六世纪后，该派以那烂陀寺“大学”为中心，培养出许多大学者，成为“唯识论”的大本营。中国高僧玄奘主要传译的就是这一派的新发展出的“唯识今学”部分。其根本论述是《瑜伽师地论》（亦称《十七地论》），传说是弥勒口

西安兴教寺内玄奘碑的拓本。
兴教寺，唐高宗时为迁葬玄奘遗骨而建，千余年香火不绝。

述，实为无着、天亲及其弟子所传。佛教史研究者中有人推测弥勒如释尊一般，实有其人，虽不见得是“声闻”，却可能是瑜伽行派理论早期的创始人。但这事已很难稽考，讲瑜伽理论还得从无着、天亲算起。佛殿中以此二位“菩萨”为弥勒胁侍，非无因也。

可是，无着、天亲在广大信徒中终究默默无闻，只有研究佛教理论和历史的学者对他们才有较深入的了解。可见，高深繁缛的理论并不适宜作广泛深入人心的传播。简单的几条政纲口号，答应满足大众最迫切的愿望才容易获取皈依。观音、地藏、弥勒、药师佛，他们的知名度高就靠着这些。文殊就有点越来越靠边，得让观音居正座。更不用提学者气很浓的无着与天亲了。再拿玄奘来说，在中国和世界上知名度极高。但他译的经今虽具存，读者不多。他创始的佛教中国宗派法相宗，理论水平极高，但数传而绝，若断若续。学者们常利用的还是《大唐西域记》，一般人却是从《西游记》小说等来错误地认识他的。哀哉！

（四）

现在来说说另一种“三佛同殿”，即供“三身佛”。三身，指三种佛身，有多种说法。供三身佛则多据天台宗的说法：一为“法身”，指佛从先天就具有的将佛法（佛教认为是绝对真理）体现于自身的佛身，也就是体现了佛法的佛本身。二为“报身”，指以法身为“因”（有“基础、根据、泉源”

据天台宗的说法而塑造的三身佛。天台宗是佛教的一派，亦名法华宗，以《法华经》为根本，由隋代僧人智颢所创，以其居于天台山，故名。

等义），经过修习而获得佛果之身。三为“应身”，指佛为度脱世间众生需要而现之身，特指释迦牟尼之生身。打个不贴切的比喻：法身像有似“领导者的标准像”，报身像有似贴在博士学位证书上的像，应身像有似贴在工作证上的像。

供三身佛的，多据上述教义安排：

中尊为“法身佛”，名“毗卢遮那佛”。

左尊为“报身佛”，名“卢舍那佛”。

右尊为“应身佛”，即是释迦牟尼佛。

“毗卢遮那”和“卢舍那”都是梵文Vairocana的音译，后者

毗卢遮那佛是“三身佛”的中尊，也是“五方佛”的中尊。

是前者的简称。竟而一佛化成二佛。这种变化无方之事在佛教传说中极多，三身佛的说法则是天台宗提出来的。密宗则最崇敬毗卢遮那佛，意译之为“大日如来”，认为是理智不二的法身佛。

这三位佛同殿时，形相全同，都按“相好”来塑。区别在于印相。

（五）

供五佛的多见于宋、辽古刹遗构中，如大同华严寺、泉州开元寺等处。这五佛通称东南西北中五方佛，又名五智如来，大致属密宗系统。其安排是：

正中为法身佛，即毗卢遮那佛。

左手第一位为南方宝生佛，表福德。

左手第二位为东方阿閦佛，表觉性。

右手第一位为西方阿弥陀佛，表智慧。

右手第二位为北方不空成就佛，表事业。

有的寺院另设“毗卢殿（阁）”或“千佛殿（阁）”以安设这“五智如来”。常是在通贯上下的两层殿阁正中立一腰鼓状的“金刚界”，上面满布浮雕小千佛。在其顶端正中高大莲

泉州开元寺大殿高达五米的五方佛。相传建殿时，有紫云盖地，因名紫云大殿。大殿立石柱近百根，故别称石柱殿。

花座上坐着大型雕像毗卢遮那佛，面向殿门。比这略小略矮些，在面向四方的四个莲花座上，坐着那东西南北四方佛，雕像略小些。这四方四位佛又称“金刚界四佛”。

按密宗的说法，除“金刚界四佛”外，还有“胎藏界四佛”，他们是：

宝幢佛。

开敷华王佛。

无量寿佛（阿弥陀佛）。

天鼓雷音佛。

这四佛在近现代寺院中少见。只是在某些寺院中有密宗的“金刚界曼荼罗”和“胎藏界曼荼罗”的图像，多为卷轴画，不常挂出，有时也绘成壁画。曼荼罗是音译，意译“坛”、“坛场”，是密宗修“秘法”时所建坛场的图画表现形式。它是圆形或方形的图，主尊像画在中心，诸尊像环绕主尊像分成几层排列。其中分别绘有金刚界或胎藏界四佛。

也有在大殿中供七位主尊的，供的是“过去七佛”。供七佛的甚少，典型的在辽宁省义县奉国寺大殿。据《长阿含经》卷一载，释迦牟尼前有六佛：毗婆尸佛、尸弃佛、毗舍婆佛、拘楼孙佛、拘那含佛、迦叶佛，加上释迦牟尼佛，通称“过去七佛”。奉国寺所供即此。

有的净土宗的庙，由于在大殿中供的主尊是阿弥陀佛，只好把包括释迦牟尼佛在内的七佛另立七佛殿供奉，以表示不忘佛教缔造渊源。如，山西省交城县石壁山玄中寺是净土宗开基大寺，就是在大殿之外另立七佛殿的。从某种意义上说，这种七佛殿可视为第二大殿。

山西交城玄中寺的七佛殿。
相传玄中寺是北魏高僧昙鸾所建，迄今已有一千五百多年历史。

（六）

在大雄宝殿中，环绕主尊的群像配置大致可分三类：

主尊两侧，常有“胁侍”，即左右近侍。释迦牟尼佛的近侍，一种配置是老“迦叶”、少“阿难”两大弟子。另一种是两位菩萨。更有两弟子、两菩萨并侍的。别的佛胁侍常为两位菩萨。还有加上天王、力士的。这样的一组群像，通称“一铺”。一般有三尊（佛加两弟子或两菩萨）、五尊（佛、弟子、菩萨）、七尊（再加两天王）、九尊（再加两力士）等多种配置。近代寺院中常用三尊一组的配置法，或仅供主尊。

殿内东西两侧，近世多塑十八罗汉像。个别也有塑“二十诸天”像的。

佛坛背后常塑一堂“海岛观音”，或仅供一菩萨像（多为观音或文殊）。

有关以上情况的具体说明另述。

此外，在早期北朝石窟等造像中，常见释迦牟尼佛与多宝佛共坐于多宝塔内的雕像，俗称“二佛同塔”。关于二佛同塔，有一个著名的故事：据说，释尊在灵鹫山说《法华经》，说罢其中要点精华，忽然从地里涌出一个巨大的宝塔，悬在空中。这个宝塔由七宝镶嵌而成，故名七宝塔，又称多宝塔。塔中有一位多宝佛，他原来是东方宝净世界的佛，涅槃后全身入塔。这时，他从宝塔中发出大音声，赞美释尊说《法华经》的功德。多宝佛还把自己在塔中的座位分出一半来，请释尊同坐，这叫“二佛并坐”：多宝佛是法身佛，表示定学；释尊是报身佛，表示慧学。二佛同塔并坐，表示法报

敦煌莫高窟的唐塑“阿难”

不二，定慧如一。在中国早期佛教艺术中，因为以塔为中心，所以二佛同塔的雕像等甚多，如现存的唐代以前石窟中就常见这种像。近现代以殿堂为中心，二佛同塔并坐的像很难在殿堂内塑出，所以，除了在壁画和画像中有表现外，就只能到塔上所附的雕塑中去找了。

在大殿或法堂中，常有壁画千佛像或陈列在阶梯形台座上的小型千佛塑像，以显示法会中众佛听法。有时还特建千佛阁或“万佛阁”，这种阁常与藏经阁结合在一起，象征听法读经。如，北京智化寺如来殿分上下两层，上层三间，墙周遍布佛龛，内有佛塑像近万尊，就是个典型的例子。

所谓千佛，指的是：

过去庄严劫千佛；

现在贤劫千佛；

未来星宿劫千佛。

这三世千佛，每个佛都有名号。因为释迦牟尼佛被安排为现在劫的第四佛，所以贤劫千佛尤为著名。经常塑绘的就是贤劫千佛。但在早期的大佛殿或大石窟内，也常把三千佛同时绘出，并在每个佛旁边的榜题上注上名号，如，敦煌莫高窟第二五四窟就残留有这种遗迹。必须说明，佛的名号虽然各不相同，形象可是基本一致，有时可以用模制的方法塑造，或用捺印的方法代替绘制，艺术性不一定很高。不过，千佛群聚殿堂中，从四壁环拱主尊，看来显得气势雄伟，总体上的艺术效果并不差。同时，给人以“领袖在群众中”的感觉。

更有一种“人中佛”，近现代寺院中不见供奉，只见于早期的石窟大塑像，如云冈第十八洞主尊即是。它的特点是在佛的法衣上绘有小佛像，甚至六道轮回像，所以，“人中佛”的意思，大致是“在人们中间的佛”，这个“人”是广义的，包括佛、神、人、鬼等形象。这种大佛大致都是卢舍那佛。看来，这种安排也隐寓有“领袖在群众中”的意思。从唐代以

玄中寺的千佛阁铁佛，分成七层，结跏趺坐，整齐有序。

降，造塔、造大像并以其为中心的做法，逐渐变成以殿堂为中心，殿堂内有大量的空间可供塑画千佛，六道轮回图也可以有地方单独陈列，所以人中佛像从唐末就基本上消失了。因为从某种角度上看，它和安置千佛像的主导思想有某些相似之处，所以也在这里顺便提一提。

（七）

大雄宝殿两旁常有东西配殿。东配殿一般是伽蓝殿，西配殿一般是祖师殿。

1. 伽蓝殿

此处的伽蓝特指“祇树给孤独园”。

伽蓝殿正中供的是波斯匿王，左方是祇陀太子，右方是给孤独长者，以纪念这三位最早护持佛法建立伽蓝的善士。殿内两侧常供十八位伽蓝神，他们是寺院的守护神。据《释氏要览》卷上，他们的名字是美音、梵音、天鼓、叹妙、叹美、摩妙、雷音、师子、妙叹、梵响、人音、佛奴、颂德、广目、妙眼、彻听、彻视、遍视。他们各有生平，有些是古代南亚次大陆神话传说中的小神，后来被佛教接收改造。至于汉化寺院中所塑，相当中国化，更失其本真。此外，还有加供关公（关羽）的。根据隋代名僧智顗所云白日见关公显圣而建立玉泉寺的传说，关公也算是伽蓝神。但他究竟是汉族，与外来户不好安排在一起，所以常在殿中另作一小龛供奉。

此外，在有些开间很大绰有余裕的大雄宝殿中，如杭州灵隐寺大雄宝殿，就把韦驮和关帝请入，各立一小龛中，分置殿中左右厢，称为“殿中护法”。

有的庙，为了使关圣帝君殿中护法下班后有个歇息处，还另设关帝殿。左右胁侍自然是关平周仓，连赤兔马及青龙偃月刀一概俱全。两壁常绘“桃园结义”、“秉烛观书（看《春秋》）”、“水淹七军”、“古城会”之类壁画，俨然是半部《三国演义》图释。那可是完全汉化的殿堂。

2. 祖师殿

西配殿是祖师殿。多属禅宗系统，为纪念该宗奠基人（祖师）而建。

正中供禅宗初祖达摩禅师（？—528）。他是禅宗理论的输入者。

左侧供六祖慧能禅师（638—713）。他是禅宗的实际创立者。

右侧供百丈禅师（720—814）。他法名怀海，在洪州百丈山创禅院，故称百丈禅师。他是禅宗清规的制定者。

达摩一苇渡江，
给中土带来了禅宗理论。

慧能提倡“顿悟”，普度众生，
使禅宗成为风靡天下的佛学。

有些非正规禅宗寺院，也有不供慧能而供马祖的。马祖姓马，名道一，尊称“马祖道一”。他是唐代僧人，初为禅宗，后在今福建江西一带地区建山岳丛林，初立寺规，自立“洪州宗”，徒众甚多，百丈怀海就是他的嫡传弟子。

下面，再把法堂说一说。

大殿之后为法堂，亦称讲堂，是演说佛法皈戒集会之处，在佛寺中是仅次于大殿的主要建筑。法堂的特点是：除一般性的安置佛像外，首先，堂中设法座。法座就是一个上置座椅的高台，供演说佛法之用。法座后挂象征释迦说法传道的图像。

法座之前置讲台，台上供小佛坐像以象征听法诸佛。下设香案。两侧列置听法席。其次，堂中设钟、鼓，左钟右鼓，上堂说法时击钟鸣鼓。有的法堂设二鼓，居东北角的称法鼓，西北角的称茶鼓。

有些佛寺没有法堂，则可在其他殿堂说法。如，在大雄宝殿中安设临时性法座，即可作说法用。

（八）

寺院殿堂布置，除塑像、壁画外，还有比较固定的各种家具陈设。这种陈设，以在大雄宝殿中安置的为最多最全，最有代表性。因此，附在这里说一说。但其安置处不限于大雄宝殿，这是需要预先说明的。

先说“庄严”。庄严是美盛华丽的装饰物。佛殿的庄严，主要是宝盖、幢、幡、欢门。

宝盖，又名华盖、天盖。是由古代王者出行时上覆的圆平顶伞状物衍化而来的。罩于佛像之上，“佛行即行，佛住即住”。木制、金属制、丝织品制的都有。

幢，本为一种手持的柱状上有平顶垂长流苏绦子的物体，又称宝幢。佛教以为佛、菩萨的庄严标帜。一般用丝织品或棉布制成。幢身周围置八个十个间隔，下附四条垂帛。上面或绣佛像，或施彩画。根据《观无量寿经》的说法，应有四柱宝幢。故今每一佛之前多置四幢，或把四幢分置于宝盖四角。

幡，又称胜幡，是长条状物。幡上一般只能写经文。幡应布列于佛坛四周，多少不限。

欢门，是悬于佛前的大缦帐。上面常以彩丝绣成飞天、莲花、瑞兽珍禽、奇花异卉，是一种手工艺品。一般两侧垂幡，故又称为幡门。欢门前常当空悬挂供佛琉璃灯一盏，称为“长明灯”。

再说供具。供具又称供物，指供养佛与菩萨用的物品。正规的供具有六类：花、涂香、水、烧香、饭食、灯明，依次表示布施、持戒、忍辱、精进、禅定、智慧等“六度”。一般俗称的供具，则具体指供设以上六类物品的器具。其中最常用的是香炉一个，花瓶、烛台各一对，称为“三具足”（按种类为三）或“五具足”（按个数为五）。这是放在长条供奉香案上的。香案后设方形如方桌状的供台，安置上述六类表“六度”的供具。供台四周用丝绣桌帷掩覆。供台前每另设一方形小香几，几上放紫檀木香盘，上置一个小香炉两个香盒，香盒各盛檀香和末香。盘前挂一个丝绣红底小幛。除上述桌上用的烛台以外，地上左右分置一对长檠，其高度在五尺至八尺之间，约当普通一人到一人半高。上安木盏，供点燃大蜡烛用。这种檠，檠身多用粗壮的好木料制成，常施繁缛的雕刻或彩绘。如，有的能在两根檠柱上雕出全部善才五十三参故事来。所以，它是一种高级工艺品。

六　菩萨

（一）

梵文音译“菩提萨埵”，略称“菩萨”。意译“觉有情”、“道众生”、“道心众生”。还有译为开士、始士、圣士、超士、无双、法臣、大圣、大士的。所以一般人常称菩萨为“大士”。菩萨，在佛教中是仅次于佛一等的。据说释迦牟尼未成佛时，就曾以菩萨为称号。

据佛经说，菩萨可穿出家僧衣，也可作在家装束。可是佛教传来中国后，穿僧衣的菩萨甚少。菩萨的形象与装束，唐代开始基本定型。大致是面作女相。为了不违反佛教中菩萨变相“非男非女”——应该说明，据佛经，一般菩萨都是“善男子”出身——的通俗性说法，常常画出蝌蚪形小髭，北宋以后小髭取消。圆盘脸（宋代以后变长），长而弯的翠眉，凤目微张，樱桃小口。高髻或垂鬟髻，多出来的长发垂在肩上，戴宝冠。上身赤裸或斜披天衣（北宋后穿上带袖天衣，但仍常袒胸），有帔巾，肤色润泽、莹洁、白皙。戴项饰、璎珞、臂钏。腰束贴体羊肠锦裙或罗裙，两足丰圆。总之，繁丽的衣饰，是加上中国人想象的古代南亚次大陆贵族装饰，又夹杂有唐代贵族妇女时装，是这两者奇异而又调谐的混合。健美的面庞和体态，则纯以唐代贵族妇女特别是家伎等女艺术家为模特儿。这就是中国化（汉化）了的菩萨。

佛，特别是大乘佛教中的佛，异常崇高。例如，释迦牟尼佛已升到天国的“色究竟天”，似乎只具有某些抽象的最高级的德性，难以与世俗信徒接近，缺乏亲切感。而某些菩萨却使世俗信徒感到亲切和对之有迫切需求。所以，佛教传入中国后，对菩萨的单独信仰逐渐抬头。佛，高踞于西方极乐世界，那是信徒向往之处，众生只能“往生”。菩萨以度众生登彼岸为旨，可以出莲座历下界化愚顽。因此，南北朝以后，中国的佛教信徒通过种种附会，逐渐请著名的菩萨东来定居，自立道场。

汉文佛典中著名的菩萨有弥勒、文殊、普贤、观世音、大势至、地藏等几位。弥勒是“未来佛”，前面已经说过。另外几位著名的菩萨常做佛的近侍。释迦牟尼佛的左胁侍是文殊，右胁侍为普贤，合称“华严三圣”。接引众生往西方极乐世界的是阿弥陀佛，他的左胁侍是观世音，右胁侍为大势至，合称“西方三圣”。后来，大势至菩萨未能独立成军，在中国没有什么势力范围。观音、文殊、普贤则随缘应化，自立道场，成为中国化的著名菩萨，并称为“三大士”。再加上有汉化化身的地藏，慢慢地形成了汉化佛教的四大菩萨和四大名山。

（二）

文殊菩萨像（骑狮，狮奴追随）

文殊，全称文殊师利，也有译音作“曼殊师利”的。意译“妙德”、“妙吉祥”等。据说他在诸大菩萨中智慧辩才第一。他的典型法像是顶结五髻，手持宝剑，坐莲花宝座，骑狮子，这是智慧、辩才锐利、威猛的象征。他的美名尊号是“大智文殊”。有关他的住处，《华严经·菩萨住处品》中有明确说明。大意是“东北方有菩萨住处，名叫清凉山。文殊师利住在此山”。中国佛教徒以五台山应之。五台山“岁积坚冰，夏仍飞雪，曾无凉暑”（《广清凉传》卷上），可拟清凉山。北魏时就建有佛寺，至北齐时已扩展到二百余所。隋文帝下诏在东南西北中五台之顶各立寺一所，并遣使在山顶设斋立碑。唐代开元年间臻于极盛，也是“文殊信仰”以此山为中心的极盛时代。唐宋时日本、东南亚、尼泊尔等国僧人常来巡礼，敦煌莫高窟第六十一窟《五台山图》则是五代时（会昌灭佛后中兴时）山区寺院情况的历史写照。总之，五台山是唐宋以来的我国最早最大的一处国际性道场。不过，宋元以降，民间的观音信仰逐渐普及，“三大士”还得请观音居中，文殊屈居左侧。

原来，佛教刚传入中国的时候，也就是魏晋南北朝之际，立足未稳，最需要得到高层统治者的支持。所以常常走上层路线，找皇帝、大官做护法。那个时代，政府中的高级知识阶层主要由清谈名士构成。清谈探讨的主要内容是道家的哲理命题，佛家的思想对于他们来说是全新的哲理，因此极受欢迎，也纳入清谈命题之中。这时出现的汉译《维摩经》，其中“问疾品”表现的是：具有高超智慧和广泛知识的富有的大居士维摩诘精研佛家思想，释尊的弟子没有谁敢和他进行佛教哲理辩论。于是他就装病，借以引诱佛的弟子前来探问，开展

唐代《维摩变相图》

辩论。释尊派诸大菩萨中智慧辩才第一的文殊做使者。文殊一到，问答就开始了，包括中华衣冠和藩王外族的两大批信士前来听法，这就是“问疾品”的主要内容。在佛寺中常常画成经变画，常绘于文殊殿、三大士殿、法堂，甚至大雄宝殿的两侧壁。其中的维摩诘形象手挥麈尾，身凭隐几，俨然一副中国中古高级知识阶层思想界代表人物的形象。与他相对的文殊自然也沾染了高级知识界的气息。因此可以说，文殊的群众基础主要扎根在知识阶层之中，和佛教理论的探讨有密切联系。到了近代，佛教已经彻底汉化，汉化佛教的宗派也逐步形成。在传

宋代《维摩图》。唐代的《维摩变相图》仍留有若干中亚气息，而宋代的《维摩图》则已彻底汉化。

布中，佛教徒逐渐感到，草民百姓对高深的佛教哲理不太感兴趣，他们要求的是解决现实中解决不了的问题，例如救三灾八难，或是死后往生西方极乐世界。修行的方法也是越简单越好，艰深的佛经文盲念不了，坐禅入定一般劳苦大众就无法谋生。因此净土宗等就提倡随时随地抓空闲时间念“阿弥陀佛”往生西方，念“大慈大悲救苦救难观世音菩萨”就能除三灾八难。佛教越普及越向下层发展，以文殊为代表的“学理派”就越吃不开了。据我们看，这就是佛教菩萨信仰由文殊信仰向观音信仰和地藏信仰过渡的主要原因。

普贤，亦译“偏吉”，音译“三曼多跋陀罗”。他主一切诸佛的理德、行德，与文殊的智德、证德相对，也就是说，他代表“德”与“行”。德，据说他有延命之德；行，据说他发过十种广大行愿，要为佛教弘法工作。所以他的美名尊号是“大行普贤”。“普贤之学得于行，行之谨审静重莫若象，故好象。”白象是他愿行广大、功德圆满的象征，故普贤骑六牙白象。四川省峨眉山自古即为我国名山峻岫，晋代山上始建普贤寺，今名万年寺。后来佛教大盛于山中，逐渐演变为普贤东来道场。百里山峦，明清时代梵宇琳宫多达七十余座。其中万年寺砖殿铜铸普贤骑象像一尊：象身白色，六牙，四足分踏三尺莲座。象背上普贤坐莲台，手执如意，整个铸像通高7.3米，其中白象高3. 3米，莲台加普贤4. 05米，总重62吨。这铜像是北宋太平兴国五年（980）宋太宗派张仁赞在成都分部铸造，然后运到峨眉山焊接而成的。这尊像是有代表性的普贤法像。

四川峨眉山万年寺供奉的普贤菩萨

地藏菩萨是意译。据《地

藏十轮经》说，他“安忍不动犹如大地，静虑深密犹如地藏”，故名。音译是“乞叉底蘖婆”。据佛经故事说，他受释迦牟尼佛嘱咐，在释迦入灭而弥勒尚未降生世间这一段时期度世。于是他发了大誓愿：一定要尽度六道轮回中众生，拯救各种苦难，才升级成佛。因此，他的美称尊号是“大愿地藏”。大愿是：① 孝道，即孝顺和超荐父母；② 为众生担荷一切难行苦行；③ 满足众生需求，令大地草木花果生长；④ 祛除疾病；⑤ 要度尽地狱众生，不然“誓不成佛”。这些内容，如孝道，很有些中国传统伦理道德气息，是佛教汉化后适应本地情况的新说教；保护农业和防治百病，更适合以农立国的中国国情，特别受农民欢迎；至于代众生受苦难并度尽众生，那可太容易被受尽苦难的中国老百姓理解和接受了。所以，除了观音以外，地藏菩萨在中国下层的信徒最多。甚至出现了他的化身。据说，地藏菩萨降迹新罗国为王子，姓金名乔觉。躯体雄伟，顶耸骨奇。祝发后号地藏比丘。于唐高宗时航海来中国。最初随处参访，游化数年，后来到九华山（今属安徽省青阳县，号称“东南第一山”）结庐苦修。若干年后被地方士绅诸葛节等发现，见他住石洞茅棚，吃掺有观音土（一种白土）的饭食，生活清苦，又询知是新罗王子，感到应尽地主之谊，于是发心为之造寺。当时九华山属闵公所有，建寺要闵公出地。

张大千仿敦煌壁画而绘的地藏菩萨画像

地藏（僧人装束）

大愿地藏菩萨法相（天冠，宝珠）

闵公问地藏比丘要多少地，答云："一袈裟所覆盖地足矣。"闵公应允。不料地藏袈裟越扯越大，盖尽九华。于是闵公将此山全部布施供养。闵公于是成为地藏护法，他的儿子也随地藏出家，法名道明。据说地藏比丘居山数十年，近百岁时，于唐玄宗开元二十六年（738）夏历七月三十日，召众告别，跏趺坐化。他示寂后，手软如绵，全身骨节鸣响如金锁，颜色如生，肉身不坏，以全身入塔。九华山的月（肉）身殿，相传即地藏成道处。故后世以此日为地藏菩萨应化中国的涅槃日，举办地藏法会。

地藏菩萨与别的大菩萨不同，现出家相，作比丘装束。他的标准像，一般是：结跏趺坐。右手持锡杖，表爱护众生，也表戒修精严；左手持如意宝珠，表欲使众生之愿满足。也有作立像的。有的像两旁侍立的是一比丘一长者，据说就是闵公父子。

（三）

菩萨中，除自立道场的四大菩萨外，还有“八大菩萨”的说法和“十二圆觉菩萨”等有名号的大菩萨，也常见于寺院中。

八大菩萨是等觉位的大菩萨中的代表人物。他们是谁，他们的排列顺序，各经中记载不同，起码有六七种说法。

现在先把有代表性的四种说法列表如下：

所出经典 / 排列顺序 / 菩萨名号	七佛药师经（义净译）	八大菩萨曼荼罗经	八大菩萨经	大妙金刚经（现八大明王）
文殊师利（妙吉祥）	1	6	1	2
观世音（观自在）	2	1	2	5
大势至	3			
无尽意	4			
宝檀华	5			
药王	6			

续表

所出经典 排列顺序 菩萨名号	七佛药师经（义净译）	八大菩萨曼荼罗经	八大菩萨经	大妙金刚经（现八大明王）
药上	7			
弥勒（慈氏）	8	2	3	4
金刚手		5	6	1
虚空藏		3	4	3
除盖障		7	7	7
普贤		4	5	8
地藏		8	8	6

此外，还有以下诸种说法：

1.《般舟三昧经》所说：“颰陀和菩萨（贤护）、罗怜那竭菩萨（宝生）、憍日兜菩萨（星藏）、那罗达菩萨（仁授）、须深菩萨、摩诃须萨和菩萨（大善商王）、因坻达菩萨和伦调菩萨（水天）。”《八吉祥神咒经》中说此八人求道已来无央数劫，于今未取佛，愿使十方天下人民皆得佛道。若有急疾，呼此八人名字即得解脱。欲寿终时，此八人便飞往迎之。

2.《七佛八菩萨经》所说：文殊师利菩萨、虚空藏菩萨、观世音菩萨、救脱菩萨、䟦陀和菩萨（贤护）、大势至菩萨、得大势菩萨、坚勇菩萨。此八菩萨各说大陀罗尼，脱众生现在诸苦及三途苦。

3. 《舍利弗陀罗尼经》所说：光明菩萨、慧光明菩萨、日光明菩萨、教化菩萨、令一切意满菩萨、大自在菩萨、宿王菩萨、行意菩萨。此八菩萨住在欲天，护念受持取入一切诸法陀罗尼者。

4. 《般若理趣经》所说：金刚手菩萨、观自在菩萨、虚空藏菩萨、金刚拳菩萨、文殊师利菩萨、才发意转法轮菩萨、虚空库菩萨、摧一切魔菩萨。此八大菩萨摄菩提心、大悲心、方便三种，包括佛教一切真言门及一切显教大乘。

通常所造八大菩萨像，多依《八大菩萨经》等三种经的说法，排列顺序依三经中之一经。这是因为，盛唐至北宋时流行的密宗，盛行一种为高级和尚得法证明的“灌顶法”。当灌顶或修炼时，每次需有一位大菩萨临坛证盟。据《灌顶摩尼罗亶大神咒经》等经说，密宗瑜伽部归场证盟者即为此八大菩萨。后来与密教相对的显宗也通用此说法，但不灌顶。此种八大菩萨像习称“证明像”。近代佛寺中少见。四川大足大佛湾“倒塔”第二层的八大菩萨像可称代表作。

下面再谈谈“十二圆觉菩萨”。

圆觉，直译意为“圆满的灵觉”，也就是“修行觉悟圆满无缺”、“修行功德圆满”，是“真如”、“佛性”的别名。唐代佛陀多罗译出《大方广圆觉修多罗了义经》一卷，简称《圆觉经》。讲的内容是：一切众生本性是佛性。即是说，本来能成佛的，但因有“恩爱贪欲”等“妄念”，才流转于生死轮回。如能摒弃一切情欲，破除一切迷误，“于清静心，便得开悟”。讲的方法是：佛以神通现诸净土，十二位大菩萨次第请问因地修证法门，佛一一作答。故此经有十二章。

据《圆觉经》，十二位菩萨是：

文殊菩萨	普贤菩萨	普眼菩萨
金刚藏菩萨	弥勒菩萨	清净慧菩萨
大势至菩萨	观世音菩萨	净业障菩萨
普觉菩萨	圆觉菩萨	贤善首菩萨

一般可在三种佛殿内见到十二圆觉菩萨：

第一种是专门性的“圆觉道场”，即按《圆觉经》内容建立的“圆觉殿”。正中供佛像，可以是释迦牟尼佛一身，也可以是法、报、应三佛三身。两旁列十二圆觉菩萨。典型例证是四川大足县宝顶山大佛湾第二十九号“圆觉洞”。

第二种是在开间很大的大雄宝殿内，陪同十八罗汉、二十诸天，作礼佛的环卫。如杭州灵隐寺大雄宝殿内所塑者即是。

第三种是塑在卧佛旁。如北京西山十方普觉寺（卧佛寺）中卧佛殿中所塑，可能就是。但此种安排少见，佛像研究者间颇有争议。

《圆觉经》与《维摩经》、《楞严经》等同为禅宗常用经典，故塑有十二圆觉菩萨的常为禅宗庙堂。禅宗本来就是汉化佛教中代表性的汉化宗派，《圆觉经》的来路又不明，有许多人怀疑此经是汉族僧人撰述而非译经，争议甚大。即便单从造像来看，无论如何，十二圆觉菩萨也得说是汉化佛教中独有的菩萨。

北京十方普觉寺的卧佛及菩萨，
据载是元英宗于13世纪时下诏以五十万斤铜铸成。

七　观世音菩萨

（一）

观世音菩萨是汉化佛教中最著名的菩萨。

观世音，梵文的意译，也有译成“光世音”、“观自在”、“观世自在”的。观音是“观世音”的略称。

据《妙法莲华经》中的“普门品”说，观世音菩萨是大慈大悲的菩萨，能现三十三化身，救十二种大难。遇难众生只要念诵他的名号，“菩萨即时观其音声”，前往拯救解脱。观世音主张“随类化度”。他对一切人救苦救难，不分贵贱贤愚，所以他的美名尊号是“大慈大悲救苦救难观世音菩萨”，简称“大悲”。南北朝时期，观音已获得社会上的普遍信仰。隋唐时更盛。今存敦煌莫高窟四十多壁隋唐“法华经变”壁画，表现以观世音为主角的“普门品”的占半数以上。壁画中就有犯人念

海天佛国普陀胜境

观音名号而枷锁自落、死囚临刑念观音名号而刀杖节节折断的场面，自然这是一种幻想和欺骗，但也反映了大众欢迎这样一位公正而有平等观念的神的愿望。这样一位菩萨，中国人当然要欢迎他东来定居。中国浙江省舟山群岛内的普陀山，就是他显灵说法的道场。据说唐代大中（847—860）年间有一印度僧人来此，自燔十指，“亲睹观世音菩萨现身说法，授以七色宝石”，遂传此地为观音显圣之地。《华严经》中有观世音住在

初唐观世音菩萨画像

盛唐观世音菩萨画像

普陀洛迦山（梵文Potalaka）的说法，于是略称此山为普陀，华言“小白华”，译言“海岸孤绝处”。日本临济宗名僧慧萼曾多次（约为四次）入唐。可能在大中十二年（858）或咸通五年（864），他从五台山请观音像归日，途经普陀山，为大风所阻。他祈请观音，得到不肯去日本愿留中国的灵示，于是在普陀山潮音洞前紫竹林，与当地居民共建“不肯去观音院”，是为道场开基。北宋以还，寺宇迭兴，香火极盛。据中国传说，观世音的生日是夏历二月十九，成道日是夏历六月十九，涅槃日是夏历九月十九。每当二、六、九月，朝拜者尤其踊跃。特别是日本、朝鲜半岛和东南亚的善男信女，常不远千里而来。日本虽以本国的那智山作普陀洛迦道场，可是信士还是心向中国南海普陀。此山已成为近代中国最大的国际性道场。

中唐观世音菩萨画像

综上而言，可以将汉化佛教观音的特点总合为三：

其一，能拯救现实生活中一切苦难，而不是教导人们把希望寄托于来生。所以从信徒角度看来，观音是最具有“现实性”的佛家代表。抗日战争时期，陪都重庆有许多防空洞，洞口内外常见有小佛龛，其中供的一律是观音像，就是一个很明显的例子。

其二，苦难中的众生要求得到观音的帮助，方法最为简单，念观音名号就行。这种方法深入广大信徒之心。《儿女英雄传》中描写：安公子的岳母张太太为了保佑女婿考中进士，向道教系统的掌管文人功名的魁星许愿。这一日听到女婿中了探花，就去魁星老爷面前谢恩，磕头如捣蒜，嘴里不断念的可是“大慈大悲救苦救难观世音菩萨”。

其三，观音最能深入民众。首先是不厌弃任何人，不分贵贱贤愚和是否凶暴有前科，只要放下屠刀，坚定信仰，一律拯救解脱。其次，为了普度众生，观音可以随机化成种种化身。别的菩萨都是男身，进入闺阁不便，观音到了近代常以女身应化，所以最受尼众和广大优婆夷的欢迎。尼僧庵里经常以观音为主尊，就是这个道理。一般家庭里常供的都是观音像，而大庙里的观音像也种种各别，所以观音的化身形象特别多，居各类神佛之冠。常见的有所谓“六观音”、“七观音”、“三十二应身”、“三十三观音”，大都是密宗所传，亦有许多是艺术家的创造。

（二）

原来，佛教有所谓“六道轮回”的说法：一切有生命的“众生”，包括人在内，统统被安置在六种不同的情况下，这六种情况叫“六道”，也叫“六趣”，由低到高排列，它们是：

地狱道，饿鬼道，畜生道，阿修罗（一种恶神）道，人道，天道。

众生按照个体本身某一阶段（如人的一生可算一个阶段）的前因后果，各种因缘，如车轮回转一般，在下个阶段转入六道中的某一道。它们是众生轮回的道途，故称“六道”；众生各乘因业而趣（趋）之，故称“六趣”。不用说人，天神也难免轮回。至于佛、菩萨、缘觉（二等的菩萨）、声闻（罗汉中之亲聆佛旨者），则已跳出轮回之外，进入四种永存极乐的世界，由高到低排列，它们是：佛界、菩萨界、缘觉界、声闻界，合称四圣界。六道四圣又合称“十界”。

据说，观音为化度六道众生，要为他们破“三障”（信行佛法的三大障碍），即：

烦恼障：由贪、瞋、痴等心理产生的烦恼。

业障：由本身身（行为）、口（言谈）、意（思想）造成的不利于信行佛法的思想与行为。

报障：即落入地狱、恶鬼、畜生等道的恶报。

观音度六道众生破三障，要随缘应化，以各种化身出现。化身共六种，称为“六观音”。天台宗与密宗定名不同，大致一依作用一按形象而定，现列表如下：

“六观音”称谓表

天台宗所传称谓	密宗所传称谓	所破之障
大悲观音	千手千眼观音	破“地狱道”三障
大慈观音	圣观音	破“饿鬼道”三障
师子无畏观音	马头观音	破“畜生道”三障
大光普照观音	十一面观音	破“修罗道”三障
天人丈夫观音	准胝观音	破“人道”三障
大梵深远观音	如意轮观音	破“天道”三障

此外，还有用“不空罥索观音”来取代“准胝（准提）观音”的。有的就索性只增加而不取代，合成“七观音”。

圣观音是观音的总体代表，其形象可视为观音的标准像，故又称“正观音”。这尊标准像戴天冠，天冠中有阿弥陀佛像。结跏趺坐于莲花座上，右手持半开莲花一枝，左手结大悲施无畏印（即横臂当胸侧，拇指尖顶在食指尖上，中空成圈形，其余三指直竖而微微分开）。

开封相国寺的四面千手千眼观音像。
造于清乾隆年间，
有一千零四十八只手，可四面朝拜。

千手千眼观音，寺院中亦常见。其典型塑法画法有二：一种是实有千手：法身八手最大，其中二手合掌；报身四十手细小些，其中二手合掌，其余三十八手各执种种法器，手中各有一眼；化身九百五十二手，手中各有一眼，分五层或十层如孔雀开屏般后插。此种像常成为精美艺术品。另一种是简化了的造型，一般寺院中均采该式：两眼两手之下，左右各具二十手，手中各有一眼，共四十手四十眼又各配上“二十五有”，25 × 40 = 1000而成千手千眼。“二十五有”指三界中二十五种有情存在环境，计：

欲界十四有：四恶趣，四洲，六欲天。

色界七有：四禅天和初禅天中分出的大梵天，四禅中分出

倚坐观音

的净居天与无想天。

无色界四有：四空处。

这些都越说越玄，一般不必详究。

马头观音，顾名思义，头是马头——坐莲花座的观音标准像则另成一小像安坐于马头之上——身是菩萨身，一般右手捻莲花，左手持武器（常为长柄大斧），或坐或立。此像形貌忿怒威猛，象征摧伏妖魔时之状，又称“马头明王”。

十一面观音，有十一个颜面，象征菩萨修完“十地”（大乘菩萨修行的十个阶位），最后功行圆满，到达第十一地即佛地。打个浅近比喻，有点像现在小中大学以至博士学位各种毕业证书上标准像之照片合集。描述其形象的佛经有三种：北周耶舍崛多译《十一面观世音神咒经》，唐玄奘译《十一面神咒心经》，唐不空译《十一面观自在菩萨心密言念诵仪轨经》。各经说法不一，故各寺所见形象略有不同。一般当前三面作菩萨善面慈悲相，左厢三面作嗔怒相，右厢三面似菩萨面而作白牙上出相，当后一面作暴怒大笑相，顶上一面作佛面相。各戴宝冠，宝冠中有

张大千摹自莫高窟第一五二窟的十一面观世音菩萨像

阿弥陀佛像。有二臂四臂两种造型。二臂者常为左手执莲花，右手作施无畏印，臂挂数珠一串。四臂者常为右一手把念珠，右二手作施无畏印，左一手持莲花，左二手持净瓶。

宋代张胜温的《梵像卷》中的一面八臂不空罥索观音像

不空罥索观音的像，依《不空罥索神变真言经》的说法，有两种造型：十面十臂、三面四臂。一般寺院所见多为三头六臂之像，三面各具三眼。中为慈悲相，左为忿怒相（常鬓发耸竖），右为白牙上出相。六只手除一手作大悲施无畏印外，五只手持罥索（南亚次大陆古代打猎用套兽绳索，罥索由五色线编成）、莲花、戟（三叉戟）、钺或斧、如意宝杖。

准胝是音译，一般音译常作“准提”，意为“心性洁净”。准胝观音常为女性形象，有三目十八臂。三只眼分别代表救惑、业、苦的三慈眼。

如意轮观音常为六臂金身像，右第一手支颐，是为“思维相”。左第一手按在一座山形物（叫“光明山”）上。另外四只手分持的是：如意宝珠（表示能满足众生祈愿）、轮宝（表示转法轮），此二宝为“如意轮”法号之源。还有念珠、莲花。

明人绘的准胝观音像

以上“六观音”、“七观音”像在近现代寺院中常见。不过除圣观音外，一般都不作为主尊供奉。

（三）

以观音为主尊的佛殿习称“大士殿”，俗称“菩萨殿”。供三位主尊的，常为观音居中，文殊在左，普贤在右，习称“三大士殿”。专供观音的，常称为“圆通殿”，盖以观音曾有“圆通”美名之故。观音道场普陀山普济寺大圆通殿是其中巨擘。在这样的殿堂里，两侧靠墙环侍像常为观音“三十二应”或“三十三身”。据说，观音可以示现种种身份说法。《法华经·观世音菩萨普门品》说有“三十三身”，《楞严经》说有“三十二应”（普现色身应化的三十二种形象）。二者大同小异。圆通殿中为求对称，常塑成三十二尊。兹列成一表，读者至殿中按表对号可也：

分类	次序与称号
三圣身	① 佛身，② 辟支佛身（缘觉身），③ 声闻身；
六种天身	④ 梵王身，⑤ 帝释天身，⑥ 自在天身， ⑦ 大自在天身，⑧ 天大将军身，⑨ 毗沙门天身；
五种人身	⑩ 小王身，⑪ 长者身，⑫ 居士身， ⑬ 宰官身，⑭ 婆罗门身；
四众身	⑮ 比丘身，⑯ 比丘尼身，⑰ 优婆塞身，⑱ 优婆夷身；
四众妇女身	⑲ 长者妇女身，⑳ 居士妇女身， ㉑ 宰官妇女身，㉒ 婆罗门妇女身；
儿童身	㉓ 童男身，㉔ 童女身；
八部身	㉕ 天身，㉖ 龙身，㉗ 夜叉身，㉘ 乾闼婆身， ㉙ 阿修罗身，㉚ 迦楼罗身，㉛ 紧那罗身， ㉜ 摩睺罗伽身；
	㉝ 执金刚神身。

（四）

三十三观音的形象，都是个体图像，也有几种适于立体雕造的，常作成瓷、木、牙、石等雕像。这是汉化佛教艺术家唐宋以来对观音形象描绘的发展中的定型化结果，虽说源自《普门品》，但经典依据不多，而是在创造中加以定型。这些图像常以图画、小型造像等形式在民间广泛流传，甚至成为供欣赏的艺术品而不作膜拜的对象。这些是走出寺院步入民宅的观音，更加渗入老百姓的日常生活，因而更富生命力。

三十三观音的名称与形象特点分述于下：

① 杨枝观音：手持净瓶、杨枝的立像。是近现代最常见的图塑形象。在非正规殿堂与民间，几乎取代圣观音而成标准像。常戴女式包头披肩长巾。

② 龙头观音：画作云中乘龙之像。颇多艺术名家杰作。

③ 读经观音：坐岩头手持经卷的阅读像。颇受知识界喜爱，多有名家杰作。

④ 圆光观音：背后画出炽盛火焰圆光。

⑤ 游戏观音：闲适地在五色祥云之上。

⑥ 白衣观音：少见，因汉族以白衣为孝衣，故有避忌。然

有偶见之名画。一般左手持莲花，右手作与愿印。

⑦ 莲卧观音：在池中莲花之上。

⑧ 泷见观音：攲倚山崖眺望瀑布流泉，颇具哲理艺术情趣，为知识界所喜爱。

⑨ 施药观音：常为右手拄颊，左手于膝头捻莲花之像。

⑩ 鱼篮观音：脚踏鳌鱼手提盛鱼竹篮之像，或仅手提鱼篮。自《西游记》据此形象大肆发挥，造出观音钓鱼降妖故事，佛家认为戏语，但却挡不住小说之深入人心。

⑪ 德王观音：坐岩畔，手持树枝制成的杖。

⑫ 水月观音：作观水中月影状。水中月，喻诸法无实体。此像具哲理性，受知识界崇敬。名家名笔迭出。

⑬ 一叶观音：乘莲花浮于水面漂行之相。

⑭ 青颈观音：密宗所传，近代中国少见，日本较多。按古代南亚次大陆神话传说，降魔大神湿婆吞下从乳海中搅出的毒药，药力在颈部化开，将脖子烧青。“青颈”原指湿婆。后来辗转变化附会，观音也有了降魔救众生因而服毒青颈的故事。但此种类型的故事在中国没有发展起来。

⑮ 威德观音：左手持莲花，坐岩畔。

⑯ 延命观音：特点是头上戴顶有佛像之宝冠。

⑰ 众宝观音：坐地上，右手向地，左手放在弯膝上。

⑱ 岩户观音：在山洞中打坐的像。

⑲ 能静观音：伫立岩畔望海沉思的像。

⑳ 阿耨观音：阿耨是音译，意为“极微”。只有具天眼、轮王眼和能得佛果的菩萨，才能看见“极微”。常画成远眺海上之像。

㉑ 阿摩提观音：乘狮子而身放火光之像。密宗所传，近代中国少见。

㉒ 叶衣观音：坐岩上，垫着草叶。近代中国少见。

㉓ 琉璃观音：又名“香王菩萨”、“香王观音”，特点是手持香炉。

㉔ 多罗尊观音：多罗是梵语音译，意为“眼，瞳子”。此尊为密宗系统，作中年女像，合掌持青莲花。近代中国少见。

㉕ 蛤蜊观音：乘于蛤蜊上，或竟画作居于两扇蛤蜊壳中。

㉖ 六时观音：佛家依南亚次大陆之粗略计时法（在古代不如中国细致进步），以晨朝日中日没为昼三时，初夜中夜后夜为夜三时，合称六时。佛教徒当每日六时奉行佛法不断，六时菩萨取义于此。常作居士装束。少见。

㉗ 普慈观音：作大自在天化身形象。少见。

㉘ 马郎妇观音：有个故事，说唐代元和年间，陕西有一美女，许多人要娶她。她说：“一夜之间背会了《普门品》

的，我就嫁。”到天亮时，有二十人会背；她再提出背《金刚经》，又有十几人会背了；再提出背《法华经》，三天后只有姓马的郎君能通背出此经七卷。于是克期成婚，但此女在婚前死去并腐烂。葬后，老僧以锡杖挖拨，见仅存锁子骨化为的黄金。老僧说这是圣人点化愚蒙，说完也飞入空中去了。马郎妇菩萨据此故事点染而成，作民间妇女形象。

㉙ 合掌观音：合掌为其特点。

㉚ 一如观音：作乘云飞行状。

㉛ 不二观音：两手低垂，在水中坐莲叶上。

㉜ 持莲观音：坐莲叶上，两手持莲花，常为少女面孔。

㉝ 洒水观音：又名“滴水观音”，作右手持瓶泻水姿态。塑像（特别是瓷像）中常暗藏滴水机关。

除三十三观音外，近代还流行“送子观音”。这是一尊妇女像的观音，抱着个小男孩儿。她很受深受“无后为大”思想影响的某些妇女欢迎。当然，她也是中国汉化佛教创造出来的一尊观音。

（五）

现在，来看看“海岛观音”（又名“渡海观音”）。

这是近现代大型汉化佛寺中常见的最漂亮最热闹的一大组群像。塑在大雄宝殿佛座板壁之后，面对后门。也有另建一殿单独供设的。一般塑成观音手持杨枝水瓶，立于普陀洛迦山的山海之间（常脚踏鳌鱼）。上下左右塑许多小像，或为《华严经》中善财五十三参中的人物，或为《法华经·普门品》中观音救八难的人物。按正规应如此，究其实则大有差异。

据《华严经·入法界品》，善财童子是福城长者的五百童子之一。当其生时，种种珍宝自然涌出，故名“善财”。他受文殊启发，南行求法，参拜五十三位“善知识”（能化导人发菩提心求佛法的佛家人物）。第二十八参是在东洋紫竹林拜观音。按照佛经，他与观音的关系，本来只此而已。实际佛经上度善财入佛门的乃是文殊与弥勒。可不知何时，善财由童子拜观音而变成了观音的左胁侍。右胁侍是龙女。据说她是“二十诸天”之一的娑竭龙王之女，聪慧异常。八岁谒见释迦牟尼佛，即转男身成佛。她与观音本无来往，不知怎样也搭上关系。总之，观音左右胁侍的历史渊源，已经很难从正规佛经中

苏州西园寺的海岛观音，立于鳌鱼之上，
周围配列着许多尊像，构成一幅富有色彩的佛界立体图。

穷究了。再看群塑中别的像，更不是严格按经文行事了。

“内行看门道，外行看热闹”，究竟是外行多。一般老百姓并不深究佛经中的事，倒是《西游记》中的故事深入人心。于是，在近现代，《西游记》中塑造得十分成功的观音形象就风行了起来。海岛观音群塑就颇受其影响。在这组塑造观音从普陀渡海出行普度众生的故事性塑像群中，不但善财、龙女相随，还常有红孩儿、黑熊精参拜。这后二位是在《西游记》中被观音戴上“金”、“禁”两个箍儿，收为守山神的。红孩儿说不定还是善财童子和“哪吒”的混合造型呢。当然，唐僧，戴紧箍儿的持棒孙大圣，倒打一耙的猪八戒，挑担子的沙和尚，白龙马，全得塑上。一般塑在左下角。连观音脚踏的鳌鱼，戏莲池的金鱼，观众也能指指点点，说在《西游记》里看见过。这一堂彩塑，起码有一半是吴承恩生花妙笔通过另一种艺术的再现。

八　中国的罗汉

（一）

罗汉，是阿罗汉的简称，原来指原始的小乘佛教所达到的最高成就。据说，一位佛教徒修行，可能达到高低不同的四种成就。每一种成就叫一个“果位”，有点类似于现代的学位。这四种果位是：

初果：名为预流果（音译：须陀洹），获得了初果，在轮回转生时就不会堕入“恶趣”（指变成畜生、恶鬼等）。

二果：名为一来果（音译：斯陀含），得到此果，轮回时就只转生一次。

三果：名为不还果（音译：阿那含），得到此果，就不再回到“欲界”受生而能超生天界。

四果：是阿罗汉果，受了此果，他是诸漏已尽，万行圆成，所作已作，应办已办，永远不会再投胎转世而遭受“生死转回”之苦。得此果位的人，就称为阿罗汉，简称罗汉。

是不是所有的人都能修行成阿罗汉呢？传说古代南亚次大陆的弥兰陀王曾经特别问过那位在佛经中著名的那先比丘，是不是在家居士也有可能成为阿罗汉，答案是肯定的。但是必须具备一个条件：居士成为阿罗汉那一天，如果不当天出家，就有死去的危险。因此，成阿罗汉果的全是和尚。

（二）

如上所闻，证阿罗汉果位好像现在攻读最高学位。证果，只是自身求解脱。根据小乘佛教的说法，得了阿罗汉果位，就是最终归宿（涅槃），颇有点为学位而学位的味道。说穿了，修罗汉果的不过是些“自了汉”。全都如此，谁去传扬佛法？后来大乘佛教就往前发展了一步，以自身解脱为小，众生解脱为大。主张一切有情成佛，以佛法成就众生。因此，开始提倡作佛灭度后不入涅槃护法弘法的阿罗汉，这是修阿罗汉果位的人未曾预期的任务，因此，释尊要在他们之中遴选。

据西晋时竺法护所译的《弥勒下生经》中说，东晋时译者失名的《舍利弗问经》也说，佛涅槃时指派大迦叶（也译作“摩诃迦叶”）比丘、君屠钵叹比丘、宾头卢比丘、罗云（即罗怙罗、罗睺罗）比丘“住世不涅槃，流通我法”。他们都是释尊的亲传嫡系，罗怙罗还是释尊的亲生儿子。他们都是声闻。从释迦修行而得证阿罗汉果位的人虽多，但看来均已涅槃，无踪无影。最早住世的阿罗汉就是这四大比丘——四大罗汉——四大声闻。

（三）

如上所闻，释尊留下四大罗汉住世弘法，看来可能是按东西南北各占一方考虑的。他们的任务相当繁重，有加人的必要。有的佛经中就平方增加为十六人。北凉道泰译的《入大乘论》说：“尊者宾头卢、尊者罗怙罗，如是等十六人诸大声闻……守护佛法。”但未列出其余十四人的名字。唐代湛然《法华文句记》引《宝云经》，也出现了“十六罗汉”，但只摘引出“宾头卢、罗云”两位，所引经义内容且不见于今存两种梁代译本《宝云经》。

现存汉译佛经中有关十六罗汉最早的典据见于唐代玄奘大师所译《大阿罗汉难提密多罗所说法住记》（简称《法住记》），难提密多罗意译为“庆友”，据说他是佛灭后八百年时狮子国（即今斯里兰卡）的名僧。他年辈较晚，虽成罗汉，却够不上“声闻”。《法住记》中所记的是“如是传闻”，而非“如是我闻”。书中说，庆友在涅槃时将十六大阿罗汉的法名和住址告知大众，今将《法住记》十六罗汉名号照录如下：

第一位：宾度罗跋啰惰阇，他的典型形象是头发皓白，有白色长眉。俗称“长眉罗汉”。中国禅林食堂常供他的像。

第二位：迦诺迦伐蹉，据《佛说阿罗汉具德经》说，他是“知一切善恶法之声闻”。

第三位：迦诺迦跋厘惰阇。

第四位：苏频陀。

第五位：诺矩罗。

第六位：跋陀罗，意译为“贤者”，是佛的一名侍者。据《楞严经》，他主管洗浴之事，所以近世禅林浴室中常供他的像。

第七位：迦理迦，是佛的一名侍者。

第八位：伐阇罗弗多罗，意为“金刚子”。

宾度罗跋啰惰阇

迦诺迦伐蹉

苏频陀

跋陀罗

迦理迦

伐阇罗弗多罗

第九位：戍博迦，有“贱民”、“男根断者”之义，可见其出身不高，或为宦者。

第十位：半托迦，与第十六位注荼半托迦乃是兄弟二人。据说他们的母亲是大富长者之女，与家奴私通，逃奔他国，久而有孕，临产归来，在途中生二子。大的叫半托迦，意为“大路边生”；小的叫注荼半托迦，意为“小路边生”。兄聪明弟愚钝，但均出家成罗汉。

第十一位：罗怙罗，意译“覆障”、“障月”、“执月”。他是释迦在俗时所生唯一的儿子。十五岁出家，为佛的十大弟

戍博迦

半托迦

子之一，“不毁禁戒，诵读不懈”，称为“密行第一”。

第十二位：那伽犀那，意译“龙军”，习称“那先比丘”，生于佛灭后，七岁出家，曾在舍竭国答国王弥兰陀之问，大阐佛法。

第十三位：因揭陀。

第十四位：伐那婆斯。

第十五位：阿氏多，是佛的一名侍者。

第十六位：注荼半托迦。

那伽犀那

伐那婆斯

阿氏多

中国佛教中佛和菩萨的形象到唐代已基本定型，逐渐类型化。他们的衣饰也很特殊，与平常的世俗人等区别很大。罗汉的传说大致是从《法住记》流行后才开始普及的，罗汉穿的又是汉化了的僧衣，和一般的和尚没有什么区别，有关他们的生平资料也不多。这些，都给艺术家以驰骋想象的极大创造余地，使他们可以在现实的老幼胖瘦高矮俊丑等大量活生生的和尚的基础上发挥想象，创造出生动的多种罗汉形象来。可以说，罗汉一到中国，就异常生动活泼地显现在佛教徒、艺术家的心目中，丰富了中国绘画、雕塑的题材和内容。

《宣和画谱》卷二载，梁代著名画家张僧繇画过十六罗汉像。他的根据我们已无从考订。《法住记》译出并流行后，画十六罗汉的名家甚多，唐代卢楞伽特别爱画这种题材。“诗佛”王维，也画有此种图四十八幅。有关五代时画十六罗汉图的记载则更多。现知最早的十六罗汉雕塑在杭州烟霞洞，也是吴越王钱元瓘的妻弟吴延爽发愿所造。

（四）

如上所闻，五代时对罗汉的尊崇开始风行。值得注意的是，它还有所发展：首先在绘画中由十六罗汉发展为十八罗汉。原来，画十六罗汉像的画家，也有加绘两人的。有人推论说，原来画的大约是《法住记》的述说者庆友尊者和译者玄奘法师。这种设想极可能符合最早的事实，但岁久年深，已难于找到确切证明。

今所知对五代时画十八罗汉像的最早的形象化记录见于苏轼

所作《十八大阿罗汉颂》一文。苏轼记录说，他在谪居海南岛时，从民间得到前蜀简州金水“世擅其艺”的张氏所画“十八罗汉图”——说明这种图当时已很普及，张氏累世所画也不在少数——据苏氏所记，这幅图颇具生活情趣，每个罗汉均有童子、侍女、胡人等一二人作陪衬，有点像世俗画的“燕居图”。苏氏未写出十八罗汉名号——但他在后来所写的《自海南归过清远峡宝林寺敬赞禅月所画十八大阿罗汉》一文中给明确补出了。苏氏文中前十六罗汉名号均取自《法住记》。第十七位，苏氏称为“庆友尊者”；第十八位，称为“宾头卢尊者”，显然是第一位罗汉的重出。苏东坡是深明佛学的人，怎么会犯这样的错误呢？可能是照抄当时流行的说法。这恐怕也由于中国古代夷夏观念较强，不愿意把本国的玄奘法师和那十七位出身、年代、国籍都不同的外来户掺和在一起。宋咸淳五年（1269），志磐在其所著《佛祖统记》卷三十三中提出：庆友是《法住记》的作者，不应在住世之列；宾头卢为重复。第十七和第十八位应当是迦叶尊者和军徒钵叹尊者，也就是《弥勒下生经》所说的四大声闻中不在十六罗汉之内的两位尊者。这种说法，把四大罗汉和十八罗汉以住世为环节联系起来，言之有故。若承认有十八罗汉，取志磐的解释，还算自圆其说。可是到了清朝乾隆年间，皇帝和章嘉呼图克图认为，第十七位应是降龙罗汉，即嘎沙鸦巴尊者（即迦叶尊者）；第十八位应是伏虎罗汉，即纳答密喇尊者（弥勒尊者）。降龙伏虎的传说是中国的，起源甚晚，大约在北宋以后。不过这两尊像画起来或塑起来有龙和虎作为道具和陪衬，容易生动，再加皇帝御定，以后的十八罗汉就以皇帝考证出来的为准了。

十八罗汉，近代常塑在大雄宝殿之中，作为释迦或过去现在未来三世佛的环卫。在《西游记》等小说及戏剧中，他们经常成组出动，在斗争中作释迦的先行。如“十八罗汉斗悟空”、“十八罗汉斗大鹏”等便是。可是成群结伙，缺乏个性，而且战绩不佳，常常失败，最后还得如来佛亲自出马。他们往往是这种垫底儿抬高祖师爷的角色，在文学作品中没有什么光辉。倒是在艺人的腕下，名图名塑常见，精彩迭出。所以，培育出中国化罗汉的，乃是中国的艺术家。

（五）

据《十诵律》卷四所记，释迦生时，便有随他听法传道的五百弟子，称为“五百罗汉”。《法华经·五百弟子授记品》中，也记有佛为五百罗汉授记的事。《法住记》记十六罗汉各有驻地，各有部下，从五百到一千六百不等，五百罗汉是其中最起码的一组。《舍利弗问经》中又记载，弗沙密多罗王灭佛法后，有五百罗汉重兴圣教。西晋竺法护译的《佛五百弟子自说本起经》中又记载了佛灭度之次年迦叶尊者与五百罗汉（五百比丘）最初结集的事。结集是意译，指的是编纂佛教经典。南传佛教又有五百罗汉参加在斯里兰卡举行的第四次结集的传说。总之，有关五百罗汉的传说，在佛经中多有记载。可是，都没有一一记下名号。

昆明筇竹寺的五百罗汉，各有其独特的神态，
洋洋大观，置身其中，难免有头晕目眩之感。

五百罗汉是何时出现于中国的呢？据《高僧传》卷十二，他们最初显现于天台山，那是东晋时代的事。到了五代，对罗汉的崇拜兴盛。显德元年（954）道潜禅师得吴越钱忠懿王的允许，迁雷峰塔下的十六大士像于净慈寺，创建五百罗汉堂。宋太宗雍熙二年（985）造罗汉像五百十六尊（十六罗汉与五百罗汉），奉安于天台山寿昌寺。在此期间，各地寺院也多兴建罗汉堂或罗汉阁。名画家李公麟等画有五百罗汉图像。至于罗汉名号，现存最早石刻记录是宋绍兴四年（1134）十二月所立的《江阴军乾明院罗汉尊号石刻》，乃南宋人高道素所录，列举第一罗汉阿若憍陈如到第五百罗汉愿事众，一应俱全。这是中国人的创造。原碑不存，碑文收在《嘉兴续藏》第四十三函中。近代佛寺所塑五百罗汉像，多依之列名。

五百罗汉塑像众多，非一般佛殿所能容纳，多另辟罗汉堂以处之。立此一堂罗汉，用工甚巨，所以，带罗汉堂的庙多为大寺名刹。近代寺院中有代表性的罗汉堂，有北京碧云寺、上海龙华寺、汉阳归元寺、昆明筇竹寺等。有关的名画也不少，如庐山博物馆藏清人所画五百罗汉单身大画数百幅等，也很有名。

有趣的是，由于五百罗汉人数众多，很难一一指实，有的人就想把自己的形象也塑将进去，过过受香火的瘾。这方面有代表性的是清乾隆皇帝。北京碧云寺罗汉堂里第四百四十四尊

十全老人、破邪见尊者等一大堆称号，
几使人忘记他就是乾隆皇帝。

（有牌位、号数）罗汉称为“破邪见尊者”，这位金身顶盔挂甲，罩袍蹬靴，两手扶膝，双目炯炯，分明戎武帝王身，哪是超尘离垢相，原来，这就是乾隆为他自己塑的那尊罗汉像。更有意思的是，昆明筇竹寺内清朝末年名塑五百罗汉像中，竟然出现了基督教祖师爷耶稣的形象，真是匪夷所思。据我们推测，那时法国占领了越南，英国占领了缅甸，他们的传教士经常越界深入云南，进行种种活动。云南本是佛教盛行之区，对基督教教义自然格格不入，但慑于列强的淫威，对那些教士的公开传教也无可奈何。好在佛法广大，无所不包，倒不如承认耶稣也是一个罗汉，他们宣传的教义可以包括在佛法之中。于是就出现了这尊奇特的形象。

土罗汉始终比洋罗汉受欢迎，济公形象深入民心，便是明证。

近代罗汉堂中，除五百罗汉外，常有济公出现。按，济公实有其人，乃是南宋僧人（1148—1209），原名李心远，台州（今浙江省临海）人，出家后法名道济。他在杭州灵隐寺出家，后移净慈寺。据说他不守戒律，嗜好酒肉，特别是狗肉蘸大蒜，举止如痴如狂，被称为“济癫僧”。他后来被神化，认为是降龙罗汉转世，被尊称为“济公”。这是个土生土长的、塑造得极有个性的中国罗汉。他具有人民大众所喜爱的诙谐幽默的性格，能做些出人意表的快心之事，所以，他在中国是颇得人心的罗汉。可惜，据民间传说，他去罗汉堂报到晚了，只能站在过道里（如江南某些大寺），或蹲在房梁上（如北京碧云寺）。他的面相也很特殊，常塑成半边脸哭半边脸笑，所谓“哭笑不得”、“半嗔半喜”，如苏州西园戒幢律寺罗汉堂过道里站着的济公，就是个中典型。游罗汉堂的人，对这唯一的例外安排与面貌印象十分深刻，忘了那五百客籍也忘不了他。他是中国人，是位土产的中国的罗汉。

九　汉化的诸天

（一）

诸天，是佛教中诸位尊天之简称。《金光明疏》：“外国呼神亦名为天。”这是佛经中的一种意译法。佛教中传来的那些位外国高级神，统称为“天”，尊称为“尊天”。尊天，是佛教中管领一方的天神，级别相当于人世间的帝王。他们还没有成佛，也不属于正规的佛门人物如菩萨、罗汉等系统。也就是说，他们不是出家人，而是在家的“神”，但都是佛法的护持者。他们各有生平，大多出身于南亚次大陆的古老神话传说之中，有的原来身份显赫，地位崇高，出现的时代比释迦牟尼要早得多。可是，佛教传布后，认为“佛法广大，无所不包”，把他们都纳入门下。入佛门后，又有了新的履历。佛法东传，经过西域到中国，其中又有变化。汉族向来有容纳但又充分改造外来文化的巨大能力，不断使之归化。到了近代，已将诸天完全汉化，改变得面目全非。若对一个研究南亚次大陆古代神话而又不谙习汉化寺院佛像的外国人指出，那些在《梨俱吠陀》（次大陆古代诗集）等书中出现的他国之神，竟然穿戴中国古代衣冠，变成华人面孔，出现在汉化寺院里，他们一定莫名惊诧——要知道，这可是汉化的诸天。

大同上华严寺的二十诸天像，被喻为汉化诸天的最理想造型。

汉化的诸天，一般是二十位，称为“二十天”。后来，在佛道争胜的斗争中，有的寺院塑造出二十四天以至二十八天，把道教的神仙也补入诸天之内，并非正规，一般的应以二十天为准。他们常被塑在大雄宝殿两侧，典型姿势以大同上华严寺所塑为准：各前倾约十五度，以示对佛的尊敬。20世纪70年代后新塑者，如杭州灵隐寺、普陀佛顶山慧济寺等处，均准此式。还有绘于大殿东西壁上作背景衬托用的“诸天礼佛图”壁画，典型的是北京法海寺大殿明代壁画，精彩异常，实为国宝。壁画较之塑像，可以比较自由地添加云彩、侍从、法器道具、花卉鸟兽等陪衬，组成大型手卷式画面，看来更觉飘逸生动。至于诸天形象，唐代以来各种佛家经典所述颇有不同，匠人亦各有师传，更受时代、地域影响，各寺所见不甚一致。

诸天在佛前排列，有一定顺序。这种顺序也有多种不同。典型的有两种。一种是象征“佛会”时礼佛的队列，分立大殿两侧（一般单数在左，双数在右），如下：

① 大梵天王	② 帝释尊天	③ 多闻天王
④ 持国天王	⑤ 增长天王	⑥ 广目天王
⑦ 金刚密迹	⑧ 摩醯首罗	⑨ 散脂大将
⑩ 大辩才天	⑪ 大功德天	⑫ 韦驮天神
⑬ 坚牢地神	⑭ 菩提树神	⑮ 鬼子母神

⑯ 摩利支天　　⑰ 日宫天子　　⑱ 月宫天子

⑲ 娑竭龙王　　⑳ 阎摩罗王

另一种是象征“金光明道场”（熏修道场）的排列，则是功德天立于佛左，辩才天立于佛右，以下左右两侧分头排列，如下：

	佛	
	大辩才天	大功德天
帝释尊天		大梵天王
东方天王		北方天王
西方天王		南方天王
月天		日天
大自在天		密迹金刚
韦驮天		散脂大将
菩提树神		地天(坚牢地神)
摩利支天		鬼子母
阎摩罗王		水天(娑竭龙王)
	(散洒处)	

（二）

现依佛会排列的礼佛次序，将二十天以至二十四天分别叙述如下：

本是至高天神的印度教的梵天

第一位：大梵天王，梵文的意译，音译“摩诃婆罗贺摩”。本是婆罗门教、印度教的创造之神，与湿婆、毗湿奴并称为婆罗门教和印度教的三大神。据《摩奴法典》载，梵天出自“金胎”（梵卵），把卵壳分为两半，创造了天和地，创造十个“生主”，再由他们协助，完成创造工作。同时，他也创造魔鬼与灾难。他原有五个头，据说被湿婆毁去一个，剩下的四个头面向四方；有四只手，分别拿着“吠陀”经典、莲花、匙子、念珠或钵。通常坐在莲花座上，坐骑是一只天鹅或由七只鹅拉的一辆车。因其本来的地位崇高，所以佛教产生后也利用他造出新神话。佛传说，释迦牟尼佛从兜率天下生时，大梵天作为最亲近的侍者，手持白拂子，在右前方作引导。释尊成道后，大梵天奉献自己的宫殿，请佛在殿上转法轮说法。这样，就造成了佛居诸神之上的印象。大梵天入佛门后，虽被吸收为护法神，位居“诸天”之首，但与“三大神”原职相比，显然地位大大降低。汉化后形象改变更甚，多作中国中年帝王形象，手上常持莲花。在释迦牟尼佛旁侍奉时手持白拂子。又有一说：梵天、

汉化的帝释天

帝释并侍佛，梵天捧伞，帝释持拂。

第二位：帝释天，梵文的意译，音译“因陀罗”。本来是南亚次大陆神话中的最高天神，有关他的颂诗占《梨俱吠陀》全书四分之一。据说他统治一切，被尊为“世界大王”。他全身茶褐色，能变形，力能劈山引水，掌握雷雨，又是战神。他的武器有金刚杵、钩子、网。四大天王等全是他的部下。佛教也利用了他，说，释尊下生时，他化现七宝金阶，让佛从天上一级一级地下来。他在左前方手执宝盖（幢）引路，和右前方的大梵天是一组。他也曾请佛在自己的宫中讲了多次各种经文。当然，加入“诸天”的行列后，虽然居首，势力比“世界大王”时代就衰微多了，和四大天王等老部下平起平坐。佛教还给他新造了履历，称其为忉利天（即三十三天）之主，居须弥山顶之善见城。据《大智度论》说，迦陀国中有婆罗门，名摩迦，姓憍尸迦，有福德大智慧，知友三十三人，共修福德，命终皆升须弥山顶第二天上，摩迦婆罗门为天主，三十二人为辅臣，以此三十三人故，名为三十三天。又据《净名疏》等书中说，迦叶佛入灭后，有一个女人发心为之修塔，另有三十二个人帮忙。后以此因缘，同生三十三天。那女人居中，即化为帝释天，还有三位夫人，名为“园生”、“善法”、“赦友”，与帝释天一起修行。那么，帝释天此时一定是由女变男了。这种种说法，暗中影响了汉化寺院中的造像意匠。汉化寺院中，帝释天常作少年帝王像，而且男人女相，面“如散华供养天女”；或即径作青年女后像。为了表现帝释天居于须弥山之巅为三十三天之主，中国画师和工匠常有巧妙构思。如法海寺壁画中，帝释天作女后像，后随三位天女（或即象征那三位“夫人”？），其中一位给帝释天打方顶伞盖（幢），以示帝王之尊；另一位持盘，内盛莲花等，以示入佛门修供养之事；最有兴味的是第三位，双手捧一个山石盆景，这是纳须弥于芥子式的化须弥为盆景，此种绝妙的象征性手法，纯粹是中国人的意匠创造。研究南亚次大陆神话的人若见他竟变得这样厉害，定会惊讶不止，叹其汉化之深也。

第三位：北方多闻天王。

第四位：东方持国天王。

第五位：南方增长天王。

第六位：西方广目天王。

这四位就是天王殿中供奉的“四大天王”。详细情况，请看前面“四大天王”那部分介绍。

第七位：密迹金刚。是手持金刚杵守护佛法的护法神。也就是佛寺入门的山门殿中供奉的护法金刚的原型。

第八位：大自在天。梵文的意译，音译是“摩醯首罗”。

汉化大自在天

印度教大自在天

汉化后的大自在天，除名称外，已难找到与印度教大自在天相似之处。

本是南亚次大陆神话中男性生殖器崇拜者的神，以男根为其标志。据说一切万物都是他生的，原都是他肚里的小虫，大地是他的身体，水是他的尿，山是他的粪便。后来佛教把他改造为护法神，据说，释尊为太子时，遵当时的信仰，去庙里礼拜大自在天神像。吓得大自在天的偶像离座下阶，先礼太子。这是一则著名的拿外教天神垫底抬高佛祖的故事。对大自在天本身，佛教也添上种种附会，如说：他位于色界十八天最高处，“于大千世界中得自在”，本像颇为“丑恶”，云云，看来都与本根有些关联。汉化后全失本真，常作密宗所传八臂三只眼的化身状态，手执拂子、铃、杵、矩尺，面作菩萨相，身着菩萨装，骑白牛。立像常省去白牛。也有作二臂、四臂、十八臂的诸种形象。又有三面像，正面天王形，左面天女形，右面夜叉形，但少见。

第九位：散脂大将。散脂（散支）全译“散脂修摩”，是梵文的不准确音译，唐代新译音“半支迦”，意译为“密”（密神），又名夜叉（药叉）大将，是北方天王八大将之一，管领二十八部众。有的佛经上说他是鬼子母的丈夫，也有说是鬼子母的二儿子的。汉化寺院中常塑成金刚武将状。许多塑画工匠常把他和密迹金刚作为一组，塑画成哼哈二将式形貌。密迹白面善相，散脂金面（或红面）怒相，各持降魔杵一根。因此，一般人也就把他俩看成哼哈二将了。其实非也。

第十位：辩才天。梵文的意译，音译是“萨啰萨伐底”。为主智慧福德之天神，据说他聪明而有辩才，所以称为辩才天；他能发美音而歌咏，所以称为美音天、妙音天。他的性别，《大日经》说是男天，还有妃子；《最胜王经》和《不空罥索经》说是女天，阎罗的长姊。佛经说，她住在深山里，“或在山岩深险处，或居坎窟及河边，或在大树诸丛林”，“以孔雀羽作幡旗”。她的形象是“面如满月”，“目如修广青莲叶”，“常以八臂自庄严”，“身着

印度教辩才天

汉化辩才天

对照之下，汉化佛教辩才天似有更大的神通。

青色野蚕衣”。一切动物如狮子、虎、狼、牛、羊、鸡等都爱慕她。汉化寺院中所供的常为菩萨脸菩萨装八臂像，手执火轮、剑、弓、箭、斧、罥索，脚下有狮、虎、狐、豹等几种兽。

第十一位：功德天，即吉祥天女。梵文的意译。音译为“罗乞什密”（吉祥）和“室利”（女）。出现甚早。原为婆罗门教、印度教的命运、财富、美丽女神。据说，她是神魔大战共同搅动乳海时产生的，故又名“乳海之女”。后来她成为毗湿奴大神的妻子，爱神的母亲。常一手持莲花，

杭州灵隐寺大雄宝殿内东侧环卫像第八尊功德天

南亚次大陆的功德天（吉祥天女），图中，她正在哺育她和毗湿奴大神生的孩子“爱神”。

一手洒金钱如流水（这场面使人联想起西洋画家常画的宙斯化黄金雨故事）。她的坐骑是迦楼罗（金翅鸟）或优楼迦（猫头鹰类动物），有两只白象相随，那是印度教系统“吉祥”的象征物。功德天后被佛教吸收，列为护法天神，主要采取了她掌财富的特点，因为毗沙门天王原是财神，有的老经典就说她是毗沙门天王的妹妹或妻子。以其施财散布吉祥，有大功德于众，故称“功德天”。汉化寺院中所见，她的形象端庄美丽，常戴花冠，着多层各种天衣；佩饰繁多，有耳珰、镮钏，璎珞遍体。总之，极为雍容华贵。有时则作中国后妃宫样装束，那是彻底汉化的表现，常见于明中叶以后。她的典型姿态是：举左手捻如意宝珠。后随一六牙白象，象鼻绞动一个玛瑙瓶，瓶中不断倾出种种宝物。她的左右（常为右边）一般紧跟着一位“咒师”，那是替她念咒使瓶中出宝的。此咒师大约出生于西域，常作老年胡人相貌装束，着白衣（使人想起唐代著名的“波斯胡”商贾），手把长柄香炉。这一组好有一比：若把功德天比作银行总经理，则咒师是会计主任，白象则造币厂厂长也。

第十二位：韦驮天。

第十三位：地天，又名坚牢地神。梵名比里底毗，据说是夫妇二人。在唐代刚传来的地天，还常以男天为代表，典型形象是手把宝瓶或钵，中置各色水陆鲜花。有作四臂形的，手持镰、斧、锄、锹，是一个农业劳动者的形象。可是，近代以来，在汉化寺院中常作女神形象，左手持中盛鲜花的钵，或执谷穗，象征主管大地和一切植物生长。这女天别名“大地神女”。据佛传中载，地神证明悉达多之福业，惊退魔众，所以，地天是佛教中有代表性的护法神。注意：这位可是男天。

第十四位：菩提树神。释迦牟尼佛在菩提树下成道，守护菩提树的天女就是此神。据说佛在菩提树下打坐时，如遇下

地天　韦驮天　日天

南亚次大陆的女地神（丰饶女神）

雨，她就用树叶做伞为佛挡雨。据此，她应该是最早的护法神。她的形象特点是手持带叶树枝，作青年妃子装束。

第十五位：鬼子母，又名欢喜母，梵文的意译，音译“诃梨帝”。有关她的传说多而杂乱，现据《毗奈耶杂事》略述如下：王舍城里有一位独觉佛出世了，开大会庆祝。有五百人沐浴更衣一起去芳园开会。路遇一位怀孕的牧牛女，带着一桶奶酪。五百人鼓动她一起赴会。她一时高兴，跳起舞来，因而胎

汉化后的菩提树神还是手持带叶树枝，恭敬护法。

山西大同善化寺的“鬼子母”塑像，面相慈和，仪表雍容，已无当年吃人的凶相。

儿早产。五百人见开会时间已到，扔下这女郎不管，自己去了。女郎一个人困留，新生儿夭折，大为生气，就拿奶酪换了五百个当地产的“庵没罗果”（意译“柰”、“余甘子”），在独觉佛经过她身边时，她用这些水果供养佛。同时，顶礼发恶誓：来世要生于王舍城，吃尽当地人的小孩。果然她来生生为王舍城娑多药叉的长女，和犍陀国的半发迦药叉结婚，生下五百鬼子。她天天吃城里人的小孩。释尊劝她别吃，她不干，释尊就施展法力，藏起她一个儿子。她哭着闹着找。佛说："你有五百个儿子，只一个不见了，还怜爱寻觅不止。别人只有一个两个小孩，你吃了，人家怎么办？"于是她皈依佛法，但提出："今后吃什么？"佛说："你勤心拥护佛寺和僧尼，作我教护法神。我叫弟子们每次吃饭时呼唤你和你儿子们的名字，叫你们来饱食。"汉化寺院中常作中年贵族妇女形象，手抚她的五六岁小儿子，这孩子名毕哩孕迦。中国唐代以来，流传甚广的目连救母故事中，在目连的母亲身上可以看到汉化了的鬼子母的影子。

第十六位：摩利支天。梵文摩利支，意为"光"——提婆（意为"天"）的音加意译。由"光"的意义引申附会出她会隐身法，说她出现在太阳之前，太阳看不见她，她能看

典型的汉化摩利支天像

见太阳。没有人能见到她，没有人能捉住她、欺诳她、加害于她。她能用此种隐身法救人苦难。在神话中出身甚早，后被佛教吸收。在汉化寺院中身着红色天衣，头顶宝塔（塔内有毗卢遮那佛）。三个头分向三面，各有三只眼。八臂，左四手持罥索、弓、无忧树花枝、线圈，右四手持金刚杵、针、钩、箭（手持物各像常有不同）。乘猪拉的车，身边围绕着一群猪。大概因为猪的形象不美，所以常常省略，或仅在她脚边站一雄壮野猪便了之。

第十七位：日天。各族都有自己的太阳神，南亚次大陆神话中的老日神是“苏利耶”，又译作“修利”、“修野”等，后来佛教经典意译为“日天”、“日宫天子”、“宝光天子”、“宝日天子”等。据说，太阳里有他的宫殿。自《梨俱吠陀》以来，他都是太阳神。他的恋人是拂晓女神（可意译为“红霞”）。日天是大神之一，乘金色马车巡行天上，驱除黑暗，注视着人类在下界的活动，洞烛幽隐。他的爱人“红霞”永远年轻美丽，有魅力，有朝气，保佑人们多福，多寿，多子孙，有名声。他们夫妇一威一柔，很受人们崇敬。可是后来，在印度教系统中，毗湿奴似乎兼任了太阳神之职，于是苏利耶夫妇的影子逐渐变淡了。佛教却没有忘记苏利耶，承认他为日天，收他为护法神，给他的打扮是赤红脸膛儿，手持莲

南亚次大陆古老的太阳神苏利耶（日天）乘金色七头马车巡天，驾车的是他的儿子苏多（意为“驭者”，大名“迦尔纳”）。他们永远在追赶日天的恋人乌莎斯（红霞，拂晓女神）。

花，乘四马驾的车。中世观世音信仰盛行后，中国僧人为《法华经》作注，附会说：观世音名宝意，日宫天子就是观音的变化身。可中国老神话中原有自己的日神。中国的日轮中，有乌鸦为标志。近世汉化佛教寺院中的日天，就成为中外结合的混血儿。他常作中国中年帝王像，赤红脸，持莲花（常为红莲），冠上有一日轮，日轮中常出现乌鸦。

第十八位：月天。各民族也都有自己的月神。南亚次大陆的月神，在发展中屡经变化。因为大势至菩萨与观世音菩萨同为阿弥陀佛胁侍，日宫天子已为观音变化身，所以，《法华经》的注释者就说，月宫天子是大势至的化身，名宝吉祥。密宗给月天规定的打扮是白脸膛儿，持上有半月形的杖，驾三只鹅拉的车。他也有妃子，也是白脸，持青莲花。因为月中黑影太像兔子的侧影，所以各民族都有月中兔的传说。佛教的本生故事改造了古代神话，说，释尊前生曾为兔，与猿、狐为友。帝释天要考验释尊（时居菩萨位）的德行，化为老夫，向三兽求食。狐衔鱼，猿献果，独兔无所得，乃投火自焚，以身贡献。帝释天受感动，就将兔身送入月轮，传乎后世。按，南亚次大陆的月亮神话，远没有中国的嫦娥奔月、玉兔捣药、吴刚伐树那一系列故事深入民心。为了与日天配对，也为了显示月华如水的幽静，月天，对中国人来说，也以女天为容易接受。所以，汉化寺院中的月天，以女天为多，想是从月天妃化来。若是男天，则作白脸中国帝王像；女天，则作中国中青年后妃像。冠上嵌满月，月中常有兔形。早期密宗像常乘白鹅车，近世也省去。

第十九位：水天。梵文音译“缚噜拿”，是一位在吠陀神话中已出现的老神，本来神权极大，掌管天上地下，是大神。后来权力逐渐被别的神取去，佛教产生前后，他只剩下一部分制海权，成为西方大海中海王国之神，也就是南亚次大陆的“龙王”。又有一说：指娑竭龙王。梵文音译“娑竭罗”、“娑竭罗龙”，意译是“咸海”。这龙王本是南亚次大陆传说中掌管水蛇的海王。佛经中说，在他的宫里供奉着法宝，如佛舍利、佛经之类，所以是护法神。不论原指水天还是娑竭罗，在中国近世都统一汉化成中国式的龙王。佛道两教所供形象差不多，常作中国龙头类造型身穿帝王服之像。

第二十位：阎摩罗王。梵文的简化音译。意译是“双王”。据说他们是兄妹俩，且都是管理地狱之王，兄治男犯，妹治女犯，故称“双王”。原为南亚次大陆神话中管理阴间

南亚次大陆的阎摩

之王。《梨俱吠陀》中即已出现，佛教沿用其说，称为管理地狱的魔王。中国民间所传说的阎罗王即来源于此，说他属下有十八判官，分管十八地狱。

中国人把阎王和地狱完全汉化，让它们和本土的泰山治鬼等神话传说相结合，再融入佛教“六道轮回”说，又通过迷信附会，造出许多新的吓人的事物来，如：奈河（奈何）桥、黄婆（黄酒的“黄”）送迷魂汤、望乡台，这都是汉语谐音双关式玩意儿的具体形象化。再如：牛头、马面、无常、勾魂牌，那一套也够吓人的。中国人的想象力绝不下于创造《神曲》的但丁，更比南亚次大陆神话丰富。只可惜在这方面用错了，用到神道设教宣传迷信吓唬愚昧的老百姓身上去了。“二十天”中的阎王像已彻底汉化，多作浓眉巨眼虬髯王者像。女王不合中国国情，早已暗中取消。在阎王身后常跟着几个中国籍的判官、牛头、马面之类，手持毛笔、中式账簿、勾魂牌、锯齿大砍刀等中式道具。当然，二十天塑像中，随从少见，但在壁画中却是常出现的。

一般寺院供奉的正规诸天，即指以上的二十位，总称“二十诸天”，简称“二十天”。在佛道争胜又互相融合的过程中，近代某些寺院将诸天的队伍加以扩充，成为“二十四天”。下面就把后加的几位略作介绍：

汉化佛教的十王殿

南亚次大陆的毗湿奴大神乘坐迦楼罗（金翅鸟）出行，
怀抱着的是功德天（吉祥天女）。

第二十一位：紧那罗王，意译“音乐天”、“歌神”。紧那罗不是一个，而是一族。在佛教中只能算二流神（二十天都可算一流神），属“八部众”系统。“八部众”是八种（八族）小神，它们是：天众、龙众、夜叉、乾闼婆（又名“香神”或“乐神”）、阿修罗、迦楼罗（金翅鸟）、紧那罗、摩睺罗迦（大蟒神）。其中神、鬼、动物夹杂，每族人类众多，地位均不高，但出身较早，历史情况复杂，属于佛教改编过来的杂牌队伍，外围组织。因以天众、龙众为首，故又称“天龙八部”、“龙神八部”。据说紧那罗像人，可是头上有一只角，所以又叫“人非人”。能弹琴，会唱歌，他家的女人生得端庄美丽，能歌善舞。当他弹琴唱歌赞美佛法时，须弥山震动，诸大声闻不安于座。他家女人唱歌时，五百仙人在飞行中心醉落地。另据中国的传说，紧那罗成佛后化为少林寺香积厨火头老和尚，教众僧使用三尺拨火棍退敌，传下少林棍法。过去少林寺所供即此形象。

第二十二位：紫微大帝，有的材料则作玉皇大帝，都是道教对天帝的一种尊称。常作中年帝王像。

第二十三位：东岳大帝。中国古代早有泰山神，据说治鬼，是中国古代神话传说中地府的主宰。道教又把他变成五岳尊神之首，称为东岳大帝。《封神演义》中又造出一个封为东岳大帝的武成王黄飞虎。这位天神就成为以上诸种因素成分不等的奇妙混合。常为苍老帝王像。

第二十四位：雷神，就是雷公们的首领。南亚次大陆和中国古代神话中都有雷神。道教则认为雷神是元始天尊的第九个儿子——九天应元雷声普化天尊。在汉化佛寺与道观中，他的典型形象多为蓬头怒发仁丹胡式鬼形，披甲，手持劈山斧。部下有打顺风旗的风伯，手持锤凿背生肉翅的雷公，手持两面钹式铜镜的电母等，都是从中古以下汉族迷信传说中衍化而出，被道教首先吸收发展改造过的。

以上二十二至二十四这三位，本系道教系统，被佛教借来装点门面。道教徒啧有烦言。有识的佛教徒也认为不必多此一举。所以，严肃认真的佛教徒都只承认“二十天”，而不承认“二十四天”。

（三）

再说说佛教的一些小天神和特异天神。

“八部众”前面已经说过，现在对其中的夜叉、乾闼婆、紧那罗、阿修罗做一些补充。

夜叉，也译成药叉，按佛经原来的解释是一种能在空中飞行的鬼神。后来中国人将他作为外形丑恶的恶鬼的代称，并非

西魏时代的夜叉，外形尚非十分丑恶，接近佛经的原意。

佛经原意。

乾闼婆和紧那罗，原来都是伺候帝释天的音乐之神，一个奏乐，一个唱歌。他们各有一族，男女老少都有。佛教收容了他们。在早期南亚次大陆佛教雕塑中，他们就常作飞行姿态在佛的上方出现。到了西域，他们有的插上了翅膀，这就是原始的飞天，是佛家伎乐供养之神。汉化佛教将其翅膀取消，纯靠云气烘托，衣角、飘带飞舞，就在云端上下飞翔，这是中国人的艺术创造，这就是汉化的飞天。

阿修罗原是南亚次大陆古代神话中一种恶神，据说长得非常凶恶，但是他的女儿长得非常漂亮。阿修罗宫中没有好吃的食品，特别缺酒喝，可是帝释天宫中好吃的食物很多，液体饮料特别多。帝释天来抢阿修罗的女儿，双方大战，战场上的情况奇惨无比，所以佛家常用“修罗场”作战场的代称。最后双方讲和，美丽的女儿嫁给帝释天，帝释天送甘露给阿修罗喝。

下面谈谈“明王”，这是梵文的意译，属于密宗系统。据说，佛和菩萨在教化众生的时候，遇见十分不听管教的，软的不行，就要来硬的，于是变化成天神武将，虽有个别作慈悲相，但大多怒容满面，用来调伏世人。这类佛和菩萨的变化身称为“明王”。密宗北宋以后衰微，所以汉化寺院里很少见明王塑像，水陆法会的画像里倒是有一些。日本所传之汉化佛教，齐备了中国各个时代的宗派，因此，在现代的日本寺院中，明王像还很多，香火也很盛。在中国可得到石窟这些地方去找了。

究竟有哪些明王，说法不一，名称各异。现在，姑且把四川大足宝顶山大佛湾第二十二号宋代摩崖造像的十大明王名号

宝顶山十大明王龛中的降三世明王像

具录如下：

大秽迹明王：释迦牟尼佛所化；

大火头明王：卢舍那佛所化；

大威德明王：金轮炽盛光佛所化；

大忿怒明王：除盖障菩萨所化；

降三世明王：金刚手菩萨所化；

马首（头）明王：观世音菩萨所化；

大笑金刚明王：虚空藏菩萨所化；

无能胜金刚明王：地藏菩萨所化；

大轮金刚明王：弥勒佛所化；

步掷金刚明王：普贤菩萨所化。

这些明王的形象大多是多头多臂，常为三头四臂或三头六臂，手执种种武器和佛经，表示软硬兼施之状。另有一种大孔雀明王，常作慈悲中年女相，骑着一只孔雀。《西游记》中称其为“佛母孔雀大明王菩萨”。

（四）

佛教诞生前，南亚次大陆早期“吠陀”系统的神话里，有许多神就以多头、多目、多臂的形象出现。例如：

楼陀罗（音译，意为“暴恶”），是南亚次大陆早期神话中亦善亦恶之神。他用霹雳杀人，也用草药给人治病。他就有一千只眼睛。他后来衍化成湿婆，是毁灭与降魔大神。这位神有五个头，四只手。头上有三只眼，竖着长的第三只眼能射出神火烧毁一切，像现代的火焰喷射器。

毗湿奴（音译，意译“遍入天”），也是一位创造与降魔大神。他也有四只手。

毗首羯磨（音译，意思是“创造一切的神人”），是工艺大神。据说，从四面八方看，他都长着面对那一方的脸、眼、手、脚。

这类多头、多目、多臂神尚多，不枚举。可以看出，这种形象是南亚次大陆早期神的特点。现代印度教的某些神仍承袭这一特点。

佛教兴起后，逐渐地，以“佛门广大，无所不包”的精神，将外教神祇纳入、改造，让他们以新面目或新身份地位出现。多头多目多臂的形象也就慢慢出现在佛教系统之中。密宗出现，更加快了这种趋势。

密宗在唐代中期传入汉地，北宋后衰微。但它的造型艺术意匠却融入宋元以后以至近现代的中国佛教艺术中，并且进一步变化发展，影响了文学艺术中其他部门（特别是小说）的形象创造。其中，“头、臂、眼三多”的造型，逐步定型为两大类：

三头八臂三眼，后来发展成三头六臂的，是一类。此种造型后来经过变化改造，在中国近世文学艺术中经常出现。

千手千眼的，是另一类。这一类纯属佛教造型。

多头多臂多目的形象，多少得算一种表现“神通”的造型，是“神”而不是“人”。佛祖释迦牟尼慈悲救世，他的“三身”（法身、报身、应身）都具“三十二相”、“八十种好”，呈丈六金身，气象阔大恢宏，不屑以小神通向人。所以，正统的佛门得正果者，如佛和罗汉，都以人间世的本来面目现身应化。只有招降来的杂牌“诸天”，还保留奇形怪状的原貌。此外，密宗影响下的菩萨系统，特别是观音，化身繁多，显然带有各种外教的气息。

元明清三代持续发展起来的神魔小说里（别种小说里也有，只是少些，且系受神魔小说影响），努力塑造这种头、目、手三多的形象，特别集中于其中三头八臂以至三头六臂的造型。在这里，不难看出佛教里诸天神魔这类杂牌部队的影响。但是，也可以看出，作家在努力使这类造型中国化，使之成为中国人喜闻乐见的艺术形象。在《封神演义》一书中，这样的形象经常出现。例如：

后来被封为瘟神头子的吕岳，“见周将有增，随将身手摇动，三百六十骨节，霎时现出三头六臂：一只手执刑天印，一只手擎住瘟疫钟，一只手持定形瘟幡，一只手执住止瘟剑。双手使剑。现出青脸獠牙”。“子牙见了吕岳现如此形象，心下十分惧怕”。（第五十八回）

殷郊，“一会儿忽长出三头六臂……面如蓝靛，发似朱砂，上下獠牙，多生一目”。（第六十三回）

哪吒，“太乙真人曰：‘子牙行营有许多异士，然而有双翼者，有变化者，有地行者，有珍奇者，有异宝者，今着你现三头八臂，不负我金光洞里所传。此去进五关，也见周朝人物稀奇，个个俊杰。这法隐隐现现，但凭你自己心意。’哪吒感谢师尊恩德。太乙真人传哪吒隐现之法，哪吒大喜，一手执乾坤圈，一手执混天绫，一手执金砖，两只手擎两根火尖枪，还空三手。真人又将九龙神火罩，又取阴阳剑，共成八件兵器。哪吒拜辞了师父下山”。（第七十六回）

从《封神演义》有关叙述中，我们可以看出：

1. 要变成三头六臂或八臂，常靠吃某种食物。殷郊吃的是豆儿六七枚（第六十三回），哪吒是饮三盏酒吃了三枚火枣（第七十六回）。只有吕岳是“截教”邪门，法术来路不明。但是他们的法术都是隐现随意的。这种“服食求神仙”式的办法，变过来变回去的自由掌握法术，显然都是中国式的，带道教气息。

2. 哪吒三头八臂，属佛教的定型，可能因其原型是北方天王的太子“那吒”之故。吕岳和殷郊就自由些，成了三头六臂，那可是中国化的表现。因为，佛教天神三头八臂，其中有两只手常是用来合十的。可中国的神祇用不着对佛行外国礼。再则，中国人的习惯是一头配两手，正房配东西两厢，一张方桌配两把太师椅，总认为三头配六臂为宜。

《西游记》表现出的想象力比《封神演义》更为丰富、大胆和生动活泼，也更为中国化。孙悟空大战哪吒（第四回），两位说变就变，全不靠外力：

> 那哪吒奋怒，大喝一声，叫：“变！”即变做三头六臂，恶狠狠，手持着六般兵器，乃是斩妖剑、砍妖刀、缚妖索、降妖杵、绣球儿、火轮儿。
>
> 好大圣，喝声：“变！”也变做三头六臂；把金箍棒幌一幌，也变作三条；六只手拿着三条棒架住。

哪吒多余的两只手在这里取消了。汉化的三头六臂战胜了外来移植的三头八臂。

为什么中国人偏要选择“三头六臂”，甚至达到成为成语的深入人心的程度，而不用那些“三头八臂”、“四头八臂”、“二头四臂”等造型呢？拙见以为，这里面有一个“最佳选择”（优选）的问题，其中凝聚着中国武术家世代相传的经验和心血。中国人创造的三头六臂形象，都是出现在手持武器的战斗中的。从实战经验中可以看出，三面背靠背地各据一百二十度角挥舞长兵器拒敌，在三百六十度圆周内没有死角；四面八臂以上则丫丫杈杈，长短不齐的家伙拿着自相妨碍。而三面八臂如《封神演义》中的哪吒，实际上还是单面向敌，两手持主要兵器作战，别的手是配搭。《西游记》里孙悟空三头六臂持三条棒，取的是三百六十度圆形无死角防御面，远比《封神演义》中那几位单面攻防为主的要强。现代圆形碉堡常开一百二十度射角的三个射击孔，也是这个道理。可见，三头六臂是中国武术家理想的全方位拒敌造型，其中隐含着我国武术思想与经验的精华。当然，在现实中这是做不到的，只不过是一种靠小说家艺术构思来完成的幻想罢了，但是，它终究不失为一种最优选择的理想拒敌方案。

十　藏经与藏经阁

（一）

释尊在世时说法的内容，大致如开头两节中所述。那么，这种说法又是采用何种形式呢？推测有以下特色：

1. 用口耳相传形式，缺少或根本没有文字记录。

2. 释尊会多种方言，见什么人说什么话。

3. 为便于口耳相传时记忆，常用讲故事、寓言手法。

4. 为便于记忆，常用“偈颂”，即从南亚次大陆古代讲故事用诗歌体和婆罗门传教常用的以诗体叙事说理的手法学来的，用长、短篇诗体说法。

5. 为便于记忆，常把相关内容作成几个数目字条条，如“四谛”、“八正道”、“十二因缘”。

以上各种手段，至今还为深入广大群众作宣传的政治活动家沿用。不过后来的佛教徒把它们用滥了。故事寓言用得太多，可最后都只证明那一小点事；偈颂几千几万首连用，反倒记不住；数字条条开列太多，容易串，有的又有几十几百条，人们也记不住。可见，再好的办法，用得太多太滥了也失效，至少是减色。

释尊说法不立文字，他老人家在的时候还可以问，等他一涅槃，各“声闻”所闻不同，问题迭出。于是有统一起来并用文字记录下来的必要。这时，弟子们举行集会，对各自所闻进行统一。方法是：由一人为主对众背诵，经大众补充、甄别、审定，有系统地确定下来，明确记录。这种集会名为结集。据佛教传说记载，大结集共有四次之多。其中与本书内容最有关系的是第一次。咱们就只谈谈这一次。当然，这一次结集是否确切，就很难说了。

相传释尊逝世那一年，大弟子迦叶召集五百比丘，在王舍城七叶窟首次共同忆诵确定并记录佛说内容，这就是第一次结集。当时由阿难诵出释尊所说的理论部分。这部分经写定后放置在一种南亚次大陆盛东西的竹箧“藏”之内，称为“经藏”，音加意译是“修多罗藏”。由优波离（就是十大弟子中出身最低贱的那位原理发师，可见佛法是讲平等的，婆罗门教绝不许可）诵出释尊所说的清规戒律部分。这部分称为“律藏”，音加意译为“毗奈耶藏”。至于解释佛说精义的，称为“论藏”，音加意译为“阿毗达磨藏”，恐怕是后来加入的。三者合称“三藏”，是佛教典籍的总称。

后来南亚次大陆的僧人多用铁笔在贝多罗树的叶子上刻写经文，常用梵文写成。梵文是南亚次大陆通用的一种古雅书面文字。写成后，用长方形木夹夹起来。所以，称“贝叶经”（从书写材料上）或“梵夹”（从“装订”方式上）。用那时另一种通行文字巴利文书写的也很多。从1世纪开始，这些佛经经过新疆等丝绸之路地区和西藏地区，陆续传入中国。经过翻译，形成汉化佛教用汉文书写的三藏经典和藏传佛教的经典等。下面只谈汉文经典。

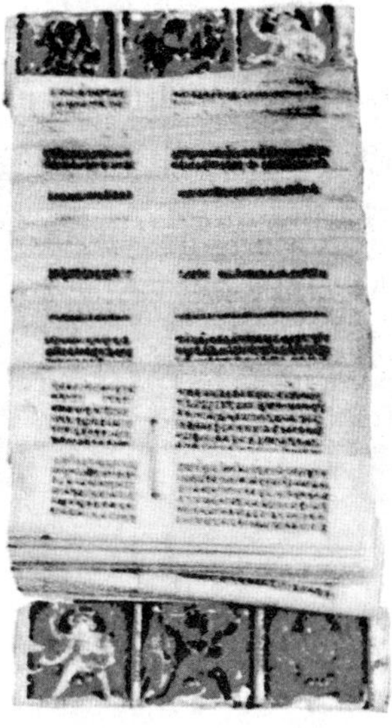
保存在西藏萨迦寺的贝叶经

汉化佛教翻译经典始于东汉，极盛于南北朝隋唐，宋朝以后衰竭。在中国和世界翻译史上，那种由中央政府支持的、有组织有领导的、严肃认真的、量大质精的、绵亘千载的大工程，都是仅见的。最后，形成了世界上最早集成的最完整的“大藏经”。

“大藏经”是汉文佛教经典的总称，它也具体指汇辑汉文佛教典籍而编成的一套大丛书。这是它的初始含义。后来发展到泛指一切文种的佛典所编成的大丛书，如中国又有西夏文、藏文、满文、蒙文等大藏经，世界上还有巴利文、日文等大藏经，等等。可是最早的、流传有序的，在世界文化史上影响最大的，还得数汉文大藏经。它的内容，以汉译的南亚次大陆佛典经、律、论三藏为主，还包括一些南亚次大陆和中国等国的佛教撰述。编辑大藏经，在中国是从南北朝时期开始的，那

相传由高僧刺血写成的血经

时叫“一切经”。到隋朝的时候，有了“大藏经”这个新名称。当时全靠手抄。盛唐开元年间，智昇编成著名经录《开元释教录》二十卷，其“入藏录”部分载有佛典一〇七六部，五〇四八卷。智昇还编成了类似“馆藏目录”性质的《开元释教录略出》四卷，按《千字文》顺序，对一〇七六部典籍都给了“书号”。智昇等僧人的工作成果，从反映的内容方面看，带有划定入藏范围的“国家书目”性质；从编目方法上看，有二级类目架号，相当精密完善，成为后来编印大藏经的准绳。

宋太祖开宝四年（971）敕命在雕版力量雄厚的成都开雕大藏经，太宗太平兴国八年（983）完成。共雕版十三万块。每版正文二十三行；每行空天头两字空地脚一字，实刻十四字，满行十七字；版尾有小字一行，刻经名卷数，本卷用纸张数序列号（即本卷雕版序列号），千字文号。卷尾有经名卷数和雕造年代题记。这些格式，长期为以后雕造的大藏经所遵循，成为定式。

这部藏经，后人习称为“北宋官版大藏经”，亦称“蜀版藏经”，常简称为《开宝藏》。刻成后运到当时的首都汴京（今河南开封），在印经院印刷，装成卷轴本，分四八〇帙，帙以千字文为序，帙内各卷以数目字为序，构成二级书号。千字文始“天”字终“英”字。这种装帙编号方法，也长期为以后的雕版大藏经所遵循。

中国汉文版的大藏经有残本和全帙传世者计十多种。除《开宝藏》外，宋代有《崇宁藏》、《毗卢藏》、《圆觉藏》、《资福藏》。辽代有《契丹藏》。金代有著名的《赵城金藏》。宋元之际，有《碛砂藏》。元代有《普宁藏》和《元官版藏经》两种。明代则多至六种版本，即《洪武南藏》、《永乐南藏》、《永乐北藏》、《武林藏》、《万历藏》、《嘉兴藏》。清代，有官刻本“龙藏”，又称“清藏”，其正名可称《乾隆藏》。民国以后，中国还出版过两种铅印本藏经，即《频伽藏》和《普慧藏》（此藏未出完中辍）。这些藏与一般寺院有关者，当推明正续《北藏》和清《乾隆藏》。这是因为，明清两代皇帝每以御刻藏经颁赐名寺。受赐各寺必因之建藏经阁，立赐藏经碑于阁前。

明代御刻藏三次，其中在南京两次，依帝号称《洪武南藏》、《永乐南藏》。前者旋即烧失原版，今只残存印本一部；后者开放供民间请印，版至清初尚存尚印，愈印愈邋遢，留存整部与零本不少，但不甚被版本目录学家重视。在北京一次，称《永乐北藏》，永乐十九年至正统五年（1421—1440）间在北京刻成，收佛典一六五七部六三六一卷。万历十二年（1584）又续刻四十一卷补入。这部大藏经只供颁赐用，得者必须建阁立碑。

福州涌泉寺藏经阁的御颁藏经。涌泉寺以藏经七千五百多册，另有经版万余方和血经六百七十五册，驰名于国内外。

《乾隆藏》全称“乾隆版大藏经”，简称“清藏”或“龙藏”，是清雍正十三年至乾隆三年（1735—1738）间在北京刻印的。清御刻只此一种，亦为中国最后一部木刻版汉文大藏经。计一六七〇部七一六七卷，雕版七八二三〇块，现存北京首都图书馆。此版印刷不到二百部，早期亦仅供颁赐用。20世纪末有文物出版社据原版新印本。

朝鲜和日本受汉化佛教影响极深，分别编印过多种大藏经。其中汉文大藏经有正续初版和再版《高丽藏》、《天海藏》、《黄檗藏》、《弘教藏》、《卍字藏》及其《续藏》和《大正藏》。

日本编印的《大正藏》（《大正新修大藏经》），目前在国际上较为流行，各大图书馆多有收藏。该藏收录经籍三〇五三部一一九七〇卷，分装八十五册，并附有《昭和法宝总目录》三册，图像十二册，总计一〇〇册。近年来又编印出四十八册《索引》，又有附检索功能的光盘版。因其常见好用，一般学者常用的多是这部大藏经。

1982年，中国成立《中华大藏经》编辑局，重编《中华大藏经（汉文部分）》，旨在编辑出版一部迄今为止搜罗最为宏富而且以稀世珍本为影印底本的新版大藏经。《中华大藏经（汉文部分）》将二万余卷已入藏的佛教经籍全部收录，分为

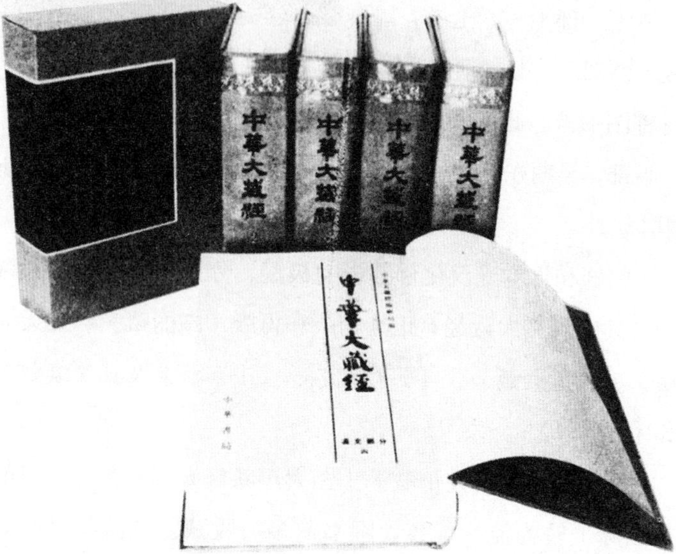

搜罗宏富的新版大藏经——《中华大藏经》

正续两编。“正编”以《赵城金藏》作底本，按《赵城金藏》千字文编次的目录体系影印。佚缺部分用《高丽藏》补足，并按内容性质，补入历代藏经中有千字文编次的特有经论。“续编”所收经籍包括以下各版藏经：《房山云居寺石经》（“正编”已收者除外）、《频伽藏》、《普慧藏》、《大正藏》、《嘉兴藏续藏》、《嘉兴藏又续藏》、《卍续藏》。除去个别重复的经论外，《中华大藏经（汉文部分）》正续两编所收经籍的总数达四二〇〇余种，二三〇〇〇余卷。正续两编分装二二〇册。

房山云居寺遗迹——石经山藏经洞

最后，极有必要简介一下房山云居寺石经。云居寺位于北京西南郊七十公里处的房山县白带山麓。始建于隋唐，辽、金、元、明、清各代都有修葺，20世纪40年代毁于日军炮火，今已在遗址新建寺院。院内有新建的经版库和唐、辽塔群，白带山上有石经山藏经洞，是一个大学术宝库。房山云居寺石刻佛教大藏经（简称房山石经）始刻于隋朝大业年间，终于明末，绵延达千年之久，刻经一千余部，三千四百余卷，是中国现存规模最大的石刻佛经，也是世界上最古、最大的一座石刻图书馆。

中国佛教协会于1956年至1958年对房山石经进行全面调查、发掘、拓印。后来经过二十年整理、编目、研究，发现房

房山石经中辽刻《无量寿经》

山石经的辽、金刻经是以失传已久的《契丹藏》为底本的复刻本。1987年起，中国佛教图书文物馆影印出版《房山石经》（编成五十六册）。

（二）

佛寺藏佛经之处，尤其是藏大藏经之处，称为“藏经阁（殿）”。一般安置在中轴线上最后一进，为两层正殿。那是

佛门智慧的宝库——藏经阁

佛教内部的专业“图书馆”。

此种两层佛阁，下层常为“千佛阁”，中设毗卢遮那佛为主尊，沿壁立小龛设千佛乃至万佛（万佛阁），象征众佛结集会诵读经。也有居中设三世佛的。同时，在上层沿壁立柜橱安置藏经。中间设条桌供读经用。这种安排建置称为“壁藏”。在此基础上，有沿壁建成楼阁式小木结构以存藏经的，称为“天宫藏”。这是因为，据佛教传说，佛灭后，法藏隐于两处，一为龙宫海藏，一为天宫宝藏。天宫指兜率天弥勒菩萨住的那处著名的内院，那里收藏一切经。“天宫藏”就是规仿天宫宝藏的。

另有一种“转轮藏”，简称“轮藏”。那是特建一间殿阁，常为两三层高，通贯其中。在地下设一个大转轴，轴上安一个八面（或六面）大龛，龛上每面安抽屉储经。这个龛能推着转。据说，南北朝时梁代有个佛教信士傅翕（497—569），看到文盲不能读经，就创造了这种机制，叫他们推着转。转一圈就等于读了一遍经。安转轮藏的阁，称为“转轮藏殿”。以其费工，唯大寺方有之。河北省正定龙兴寺、北京万寿山等处者可为代表。可是这个龛乃一庞然大物，转起来相当费力。据说，宋朝有的庙就造小型转轮藏，只放少数经卷，推起来飞快，既好玩又不费力，于是信士趋之若鹜。推一圈交三十六个

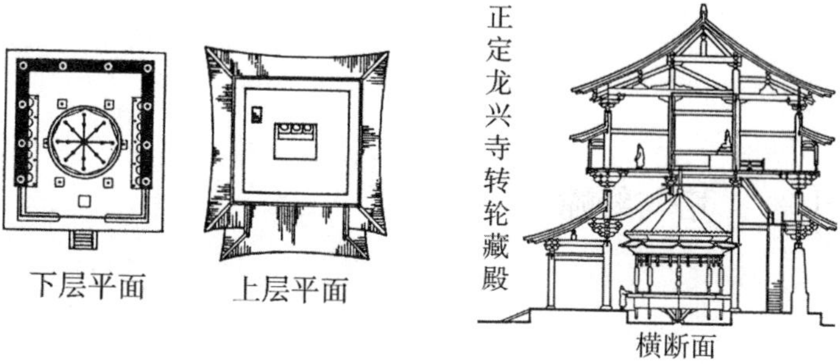

转轮殿平面及横剖面图

铜钱，寺中得利甚多。还有一种转轮藏，本身动不了，信众可以绕着它转。北京智化寺所建即此种。

中国古代的建筑业人员掌握了建造经藏的精美技能技巧。宋代李诫所编世界建筑名著《营造法式》卷十一“小木作制度六”，就是专讲“转轮经藏”和“壁藏”的。说到实例，轮藏前已举数例，天宫藏的代表作在大同华严寺，精美绝伦，是为国宝。

十一　塔与经幢

（一）

塔，原是南亚次大陆的一种坟，佛教徒沿袭为藏舍利、骨灰之用。原型只是覆钵式，缺少变化。到了中国建筑家手中，

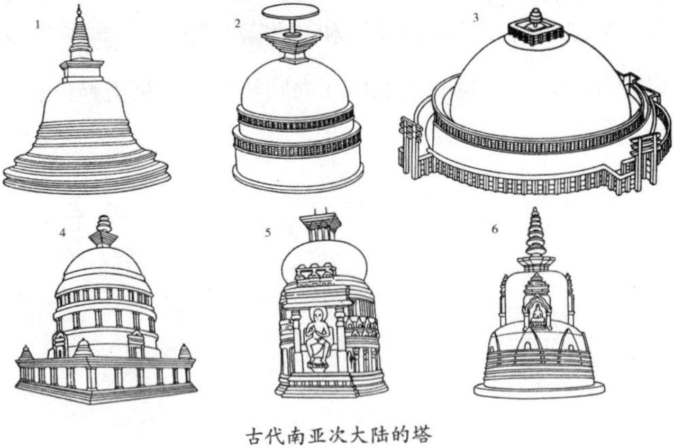

古代南亚次大陆的塔

化腐朽为神奇，变化多端，大放异彩。首先是用途加多，有作藏经用者，有供瞭望用者，等等。更重要的是形制种类繁多，方形、六角、八角、十二角、圆形等全有；木造、砖造、石造、金属的各异。

汉化佛教的塔，主要可分为地宫、基座、塔身、塔刹几部分。

地宫是中国式佛塔特有的结构，它的性质与中国古代帝王陵寝的地下宫殿相似，但形制不大。地宫是用砖石砌成的不同形状的地穴，大都建在地面之下。地宫主要用来埋葬佛舍利，还常埋有佛经、珍宝及其他器物。

塔基是整个塔的基础，在地宫之上。早期塔基一般较低矮，唐代以后，塔基明显地分成基台与基座两部分。基台就是早期的塔基，基台上承托塔身的座子为基座。宋元以后各种塔的基座越来越往高大华丽发展。塔基保证了建筑物的稳固，也使塔显得更加庄严雄伟。

塔身是塔的主体，内部分实心和中空两种。塔身中空的，一般能登临远眺。塔的层数也有讲究，但各种佛经所说并不统一。一般地说，层数最多的是十三层，象征释尊涅槃后藏舍利的七宝塔。以下则大约是菩萨七层，缘觉六层，罗汉五层，“不还果”果位者三层，“一来果”两层，“预流果”一

北京真觉寺金刚宝座塔，明代时以印度佛陀伽耶精舍为蓝本建造。造型近似于古代南亚建筑，但结构、塔身雕刻则是中国的传统风格。

层。十三层以下七层以上的，大约都是成佛果者的象征。这些数字非出一经，其中有不少矛盾，不可执著。

每座塔上都装有一个顶子，有尖的、圆的；有砖石砌的，有金属制作的，形式多样，这就是塔刹。塔刹是全塔最高的部分，冠表全塔，因而用了“刹”字。它的意思是土田，代表一个佛所掌握的一处国土，也称之为佛国。塔刹是用来收结顶盖的，但人们对它做了精细的艺术加工，并赋予许多象征意义，使之玲珑挺拔，高插云天，同时又代表以下各项事物：

刹竿，直立到顶串连诸物的一根直竿。代表佛寺幡竿。

相轮，即刹上的圆盘状物，由刹竿串连。“相”是“表相高出”之“相”，圆轮耸出，人仰视之，以为表相，故曰“相轮”。一般是九个，称为“九轮”。也有多少的规定，但各经更多矛盾。总之，一般不多于十三个。

圆光，即刹上竖立的圆盘或叶状物，代表放自佛、菩萨顶上的圆轮光明。

仰月，即刹上新月形物，代表密宗“金刚界”的月轮。

宝盖，是“饰以宝玉的天盖”，如平顶有檐伞状。象征佛座上的七宝华盖。

宝瓶，瓶状物，即“军持”，南亚次大陆的一种水瓶。佛教徒以之为用具，并以之为法具，灌顶、浴佛均用之，故称宝瓶。观世音菩萨手持的净瓶就是军持的变种。

宝珠，居刹顶，常作火焰形中含圆珠，故又称“火珠”。此物全名摩尼宝珠，又称如意珠。它出于大海中，能产生诸珍宝，能除“四百四病”，又是舍利的标帜，故立于最高处。

中国塔的建筑形式丰富多彩。早期的塔似乎是由汉代的高层木建筑楼阁变化而来，多建筑在寺院的中心。史书记载中最大的木塔是元魏时建造的洛阳永宁寺塔，高一千尺，百里以外都能看得见。可惜这座塔建成不久就焚毁了。现存最古的塔是公元520年建造的河南嵩山嵩岳寺十二角十五层密檐式砖塔。塔身有用莲瓣作柱头和柱基的八角柱，有用狮子作主题的佛龛，有

河南嵩山嵩岳寺塔，建于北魏时期，是中国现存最古老的砖塔。

火焰形的卷纹，造型优美。在这一时期，木塔逐渐减少，砖塔增多。这可能是考虑到防火的问题，同时，木结构工程建筑要求较高，造价也大。10世纪以后，新建木塔就少见了。

唐代以后的汉式砖塔大致有两种类型：一种是形同木塔，层层相累，称“楼阁式塔”；一种是在一个高大的塔身上加多层密檐，称“密檐塔”。唐代的塔一般都是四方形的多层砖塔。在塔的表面上表现出木结构的柱梁斗拱等。如西安慈恩寺大雁塔（652年建）、荐福寺的小雁塔、香积寺塔（681年建）、兴教寺的玄奘塔（669年建）等都属此类。密檐塔因其分层出檐较多而呈现出优美的外形，成为中国塔的一种重要类型。如嵩山永泰寺塔和法王寺塔，云南昆明慧光寺塔和大理崇圣寺塔都是此类塔的典型结构。此类塔一般是两层重檐，顶上有砖或石制的刹。只有唐代嵩山会善寺的净藏塔（746年建）是单层八角形的，塔身用砖砌出柱梁斗拱

大慈恩寺内的大雁塔，建于唐代，已成古都西安的象征。

门窗等。

10世纪以后，八角形的佛塔成为标准形式。建造方法也改变了，原来是外部用砖砌成筒形，内部加上木楼梯、木楼板，这时期改用各种角度和相互交错的筒形券，把楼梯、楼板、龛室等砌成一个整体。山东长清灵岩寺的辟支塔，河北正定开元寺的料敌塔（1055年建）都属此种类型。河南开封六角形的繁塔（977年建），开始采用琉璃造的佛像和花纹处理塔面。其后开封祐国寺塔（1041—1048年建），俗称“铁塔”，即采用二十八种琉璃面砖砌出墙面、门窗、柱梁、斗拱等。河南济源延庆寺塔也属同一类型。宋代在长江流域建造很多八角形塔。杭州灵隐寺大殿前有石雕双塔（960年建），高仅十米，而有九层，雕刻成仿木结构的形式。苏州报恩寺塔、杭州六和塔和保俶塔，都是用砖砌成的仿木结构形式的塔。檐椽部分杂用木料。到了清代，因木檐椽多已朽败，这些塔已变得面目全非。修理时采用了不同的处理方法。重修后的报恩寺塔接近于原形；六和塔在塔身外加上一层木结构，极不相称；保俶塔只保存了塔身，形成了柱形塔。

中国现存的唯一古木塔是山西应县佛宫寺的释迦塔（1056年建），高六十六米，共有五层。河北涿县双塔（1090年建）

荐福寺小雁塔建于唐代，原十五层。明时关中地震，
塔顶两层垮塌，今余十三层。

则是仿应县木塔形式建造的砖塔。

辽代在河北中部以至辽宁等地建造了若干八角形的密檐塔，杰出的典型是北京天宁寺塔。最特殊的是福建泉州的双石塔（13世纪三四十年代建），全部用石料仿木结构建成。

元代藏传佛教传入内地，在汉族地区出现了西藏式的瓶形塔。北京妙应寺的白塔（1271年建），是尼泊尔的工艺师阿尼

辽代建筑的应县木塔

哥所设计的。山西五台山塔院寺塔（1577年建）和北京北海公园的白塔（1651年建），都属这种类型。

中国现存的佛塔，大部分建于明清时代，在造型上，明清的塔斗拱塔檐很纤细，环绕塔身如同环带。太原永祚寺的双塔，北京玉泉山塔（18世纪建），便是这时期的多层塔的典型；北京八里庄慈寿寺塔（1576年建），是这时期密檐塔的典型。还有山西赵城县广胜寺的飞虹塔，是用琉璃面砖装饰的，八角十三层，高四十米以上，北京玉泉山也有一座清代的小型

广胜寺飞虹塔始建于汉代，屡经重修，现存为明代建筑。

琉璃塔。

元代藏传佛教传入中原以后，喇嘛塔在华北地区开始流行，其中最有代表性的是金刚宝座式塔，它的特点是在很高的下带大城门的塔座上并列五座塔，其中中央一座最大。这些塔都是覆钵式的瓶形塔，带有尼泊尔和西藏风格，其中有代表性的如北京五塔寺塔（1473年建），北京香山碧云寺金刚宝座塔等都是。

建塔一般都选择风水形胜之地，并且考虑到与当地的自然景观和其他建筑相调和，可以说，有了塔，就使得那里的景观更美。20世纪30年代，燕京大学在未名湖畔建水塔，就考虑到要与园林环境相谐调，不惜巨资将其建成密檐式塔。至今，塔影湖光，仍为北京大学校园风景最美之处。塔之功用可谓大矣。

在中国各地，除了佛塔外，还有一种“文风塔”，或叫作“风水塔”。那是过去科举时代，人们为了祈求本地方的文人能中试及第而建造的。这种塔一般都仿照佛塔形式建造。

20世纪50年代以后所建最著名的塔就是1958年在北京西山建造的佛牙舍利塔，供奉释迦如来灵牙舍利，1964年落成。塔有十三层，高五十八米，采用传统的密檐形式，而在结构、刹顶方面，都有创新的地方。它的形态优美，颇为山林增色。

塔院是和尚公墓，其中的塔都是墓塔。入塔的都是高级僧尼，在当时产生过一定影响。要注意其碑志，常有稀见史料。因为塔院的塔多，故又称为塔林。附有塔林的寺院必为著名大寺，如北京潭柘寺、山东长清灵岩寺、河南嵩山少林寺等处均有之。小型的只有几个塔的塔院则更多，那就称不上塔林了。塔林乃宁静之地，不容戏闹，近见有许多武打影片中竟大拍特拍在塔林中开打镜头，而且常由和尚勾人进去打，那是绝不可能的事。

少林寺的塔林，现有自唐至清千余年间的砖石墓塔二百二十五座。

（二）

经幢是汉化佛教一种最重要的刻石，属密宗系统。凿石为圆柱或棱柱，一般为八角形，高三四尺，上覆以盖，下附台座。幢各面及柱头部，各刻佛或佛龛。在周幢雕像下，遍刻经

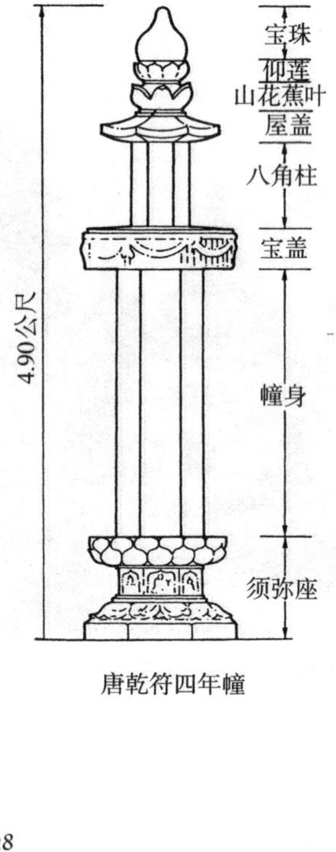

唐乾符四年幢

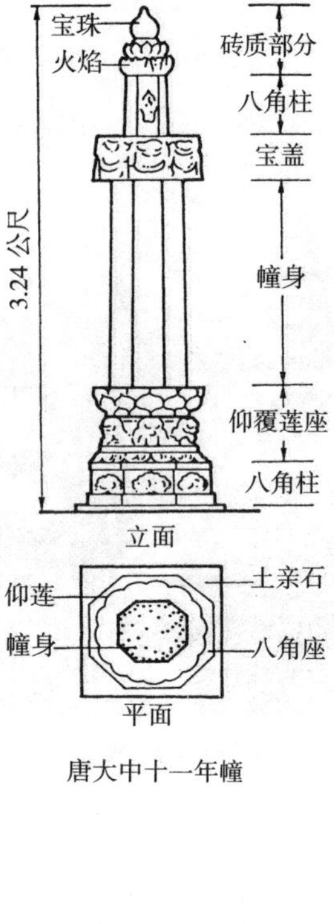

唐大中十一年幢

经幢图

咒，以《尊胜陀罗尼》为最多。

和经幢有关的有个有名的故事，说是，三十三天中有一位善住天子，做了一个梦，这个梦预示他七天以后命终，进入轮回，要七次变成畜生恶道身，以后还可能堕入地狱。梦醒以后他非常恐怖，就去请求三十三天的总领导帝释天搭救，帝释天赶紧跑到祇园精舍，请释尊设法。释尊说，有一部《佛顶尊胜陀罗尼经》，能净一切恶道，能净除一切生死烦恼。如果有人听见这个经的一句，他前世所造的一切要下地狱的恶业全都消灭。于是，传此经给帝释天，经幢和它上面所刻的《佛顶尊胜陀罗尼》主要就是根据这个故事生发建造的。据说，顺时针方向绕经幢至少七圈口诵《陀罗尼》就能消灭罪孽，这种信仰盛行于武则天时代，经幢也在这时如雨后春笋一般在全国建立。北宋以后，经幢随着密宗的衰竭而衰竭。

十二　受戒与戒坛

（一）

汉化佛教是有严密组织与纪律的宗教团体。其信徒依所受戒律约束之宽严等不同和男女之别，被区分为三个半层次七种类型：

比丘（意译“乞士”），出家后受过“具足戒”的男僧。俗称“和尚”。

比丘尼（意译“乞士女”），出家后受过“具足戒”的女僧（尼）。俗称“尼姑”。

比丘和比丘尼是真正的出家人，在佛教徒中属最高层次。

式叉摩那（意译“学戒女”），年满十八岁的受过“沙弥戒（十戒）”的女性，在受“具足戒”以前，要用两年左右时间受“六法戒”，此时称式叉摩那。男性则不需经过此种审

汉化佛教以热爱劳动、自理生活为传统。现代女尼溪边洗衣，乐在其中。

查。所以，它只是专为女信徒所设的“半个层次”候补期。

沙弥（意译“勤策男”），七岁以上二十岁以下受过“十戒”的出家男子。

沙弥尼（意译“勤策女”），七岁以上十八岁以下受过“十戒”的出家女性。

沙弥和沙弥尼属一个层次，只能说是候补的出家人。

优婆塞（意译“信士”、“近事男”），受“三皈”、“五戒”的在家男信徒。

优婆夷（意译“信女”、“近事女”），受“三皈”、“五戒”的在家女信徒。

优婆塞常被称为“居士”，推而广之，优婆夷则可称“女居士”。这“居士”一词，乃是以汉语原词（原意大约近于“隐士”）套译梵语而来，音译是“迦罗越”。梵语原意指有钱的大财主，转而成为居家修道的人的称呼。在汉化佛教中，“居士”这个称呼比“优婆塞”、“信士”、“近事男”要通行，已成为对在家信徒的通称与敬称。但应注意，如本文中前后所述，要成为“居士”、“女居士”，一定得在寺院中归投一位法师，由法师为他或她行受“三皈”、“五戒”仪式，才算合格。倘能进一步受在家菩萨戒，那就更好。没有执行过这套手续的人，即使信仰佛教，也不能叫“居士”。

还有几个有关出家人称呼的专名词，也在这里说一说：

沙门：南亚次大陆古代，反婆罗门教思潮的各教派都有出家修行的人，佛教徒的出家，特别是始祖释迦牟尼出家，还是向这些教派学来的呢。这些各派出家者通行的音译为“沙门”或“桑门”。本义为“止息一切恶行”。南亚次大陆古代其他教派既未在中国流行，“沙门”也就成为汉化佛教出家二众，特别是比丘的另一专用名称了。

释子：全称“释迦子”，义为释迦牟尼的弟子，泛指佛教出家人。东晋高僧道安提出出家人应姓“释”的主张。后来译出《增一阿含经》，在其卷二十一中载：“于如来所剃除须发，著三法衣，出家学道，无复本姓，但言‘沙门释迦子’。”于是众服道安先见。此后汉化佛教出家人法名前均冠以“释”字，“释子”成为出家五众通称。

和尚：中亚语的不确切音译。也写作“和上”。确切的音译是“邬波驮耶”。意译“亲教师”等。它原是南亚次大陆的俗语，义近于汉语的“师傅”。在汉化佛教典籍中，原作为对出家人中师长的尊称，现代则衍变成对男性出家人的一般性称呼。

尼姑：梵语女性词尾音为“尼”，如“比丘尼”为女性比丘，“沙弥尼”为女性沙弥，皆是。汉语节取“尼”字音译，加上“姑”字，成为一个不伦不类的音加义译的词，在称呼上总觉缺少敬意。对沙弥尼称“小尼姑”，更使人有此种感觉。所以最好不用，特别是当面绝不能如此称呼。

僧人、僧、尼：俗称比丘为“僧人”，简称“僧”。这是梵语“僧伽”的节略。其本义为“和合众”，即按佛典规定，四比丘以上和合共处修道的集体。今称个体为“僧人”、“僧”，相对地称女性为“尼”（即上段所说女性词尾），乃是汉语一种特殊的改译引申。近现代世俗人等也称比丘为“大僧”，称比丘尼为“二僧”；有的称比丘为“首堂”，称比丘尼为“二堂”。这些称呼不见于佛典，只是民间俗称罢了。

法师：梵文的意译。它本是一种学位的称号，义为通晓佛法并善于讲解，同时致力于修行传法的僧人。也就是说，不是任何僧人都可以称法师的。例如，今天汉化佛教的青年出家人，一般需在正规的佛学院学习过并结业，再通过某种考查或考试，才能取得这种资格。可是世俗常用来尊称出家五众，如：称年老者为“老法师”，对青年人称“小法师”，那也是外行人的俗称，不足为训的。应该说明，在传统的佛教学位中，还有比法师更高的学位，那是依据学习佛教大藏经“三藏”的功力来颁发的：

精通经藏的，称为经师；

精通律藏的，称为律师；

精通论藏的，称为论师；

更高的是精通经、律、论三藏的，称为“三藏法师”。其中兼通梵、汉两种以上文字佛典，主持译经事业的高僧，特称“译经三藏”，那是最高级的。如著名的唐代玄奘，就是这种超级法师，俗称“唐三藏”者是也。

老法师对四众讲授佛法

今人对一般僧尼称为“某某（法名）师”，对僧尼中的知识分子类型人物称“某某法师”或敬称“法师”、“大法师”，对寺院住持敬称“大和尚”、“上人”、“长老”，都是通俗性敬称。入寺随喜，从俗便可。但不可当面称呼“小和尚”、“小尼姑”、“尼姑”，那就显得自己既无礼又无知了。

以上出家五众，在家二众，合称七众。这就是整个佛教徒的构成，是按受戒深浅多少分级的。

三皈依，简称“三皈”，是最基本的入佛教信条，故亦译作“三皈戒”。佛教任何信徒在入教时必须先于本师（即接受其入教的比丘或比丘尼）之前受此戒。三皈依即皈依佛，皈依法（佛法），皈依僧。以佛为师，以法为药，以僧为友，对此三者归顺依附。

五戒，五项基本戒条，一切佛教徒均应严格遵守。也是最起码的戒条，受此戒即为信士、信女。这五戒是：不杀生，不偷盗，不邪淫（不与自己妻子以外的人乱搞男女关系，对出家人而言则为断绝一切男女关系），不妄语（特别是不能说不利于佛教的话），不饮酒。五戒的反面是“五恶”，在家二众犯了须深深忏悔。

十戒，是沙弥和沙弥尼须遵守的十项戒条，出家五众当然均须洁持。内容是，除五戒外，再加上：不涂饰香鬘，不自作亦不视听歌舞，不坐高广大床，不非时食，不蓄金银财宝。

不涂饰香鬘：即脸上不涂脂粉，身上不抹香水，不戴首饰、花环等装饰品。此外，对出家人而言，应穿正规僧服；对在家人而言，最好不穿华丽衣服，特别在“八关斋戒”时更必须穿入寺专用服（受戒时所发）。

不自作亦不视听歌舞：当然，更禁止到娱乐场所去。僧众为作法事而演奏佛教音乐除外。

不坐高广大床：当然，睡卧就更不行。

不非时食：指的是过午不食。佛教规定此项戒条时，大约是考虑到僧众饭食当时是靠出门化缘即托钵乞食，为减少出门次数，每天只一次，安排在早晨。饭后则进入修定。至今南传佛教仍严格执行，但一般喝点牛奶、果汁、茶，吃点糖，是可以的。严持者只喝白水。汉化佛教，特别是禅宗，执行“农禅”制度，即从事农业生产，自己养活自己。这是个很好的制度。也因此，劳动后非吃东西不行，所以一般开了此戒，但是被认为是“药食”，即给有病的人特别开戒吃的补养饭、病号饭。同时，本来应取回自己房内吃，叫“房餐”，而不是在斋堂吃的。

不蓄金银财宝：对出家人而言，除随身衣服（汉化佛教中包括卧具）、钵、剃刀、随身水囊（或水瓶、水壶）、缝衣针等生活必需品以外，不蓄私财。

六法戒，指的是五戒加非时食戒。对学戒女，在其由沙弥尼过渡到比丘尼的两年时间内，对这几项是要严格考察的。

具足戒（另译“大戒”），是最后最重的戒。受此戒后成为最高级最正规的佛教徒，即比丘或比丘尼。受戒时必须具足一切条件，故称具足戒，简称“受具”。其主要条件有三，即：

一定的监察僧人（中原地区十人，边区至少五人）；

一定的场所（戒坛）；

一定的会议誓约程序。

具足戒戒条繁多，说法不一。汉化佛教隋唐以后均依《四分律》受戒，比丘戒二百五十条，比丘尼戒三百四十八条。年不满二十岁者不得受此戒。

以上诸种戒相，大小乘佛教基本相同，只是具足戒的条文略有不同。

汉化佛教基本上是大乘佛教，对发心修大乘法的，还为他们受菩萨戒。菩萨戒分两种：

在家菩萨戒：授予在家二众。共六项重戒，即五戒和“说四众过戒”。“四众”指出家二众即比丘、比丘尼，还有在家二众。还有二十八轻戒，从简不述。

出家菩萨戒：授予出家人。共十项重戒，包括在家菩萨戒中六重戒，另加“自赞毁他戒”、“故悭戒”、“故嗔戒”、“谤三宝戒”。还有四十八轻戒，从简不述。

除以上各种正式戒以外，还有一种“八关斋戒”，也在这里说一说。此戒简称“八戒”，是为想在短时期内过一过出家瘾的在家信士、信女准备的。具体内容是十戒中除去“不蓄金银财宝”以外的那九戒。此九戒中，不非时食为斋，其余为戒，合称八关斋戒。持戒最少一昼夜，多则不限。舍戒后还可再受，次数不限。《西游记》中开猪悟能玩笑，称其为猪八戒，盖喻其乃临时短期出家，时动还俗之念也。

杀、盗、淫、妄，即五戒中前四戒，一般说绝不能开戒，称为四根本戒。其余戒条，平时应当“遮护”（即遵守），在一定条件下可以“开”。

（二）

设立法坛、戒坛，为七众传授戒法，称为传戒，亦称开戒或放戒。就求戒者来说，则为受戒、纳戒、进戒。

传戒分为三级三次，称三坛：初坛传十戒，二坛传具足戒，三坛传菩萨戒。即，在受具足戒后，再受菩萨戒和三聚净戒。聚，类别之意。三聚净戒，意为三种或三类戒：

摄律仪戒，即遵守初坛二坛所受各种戒条。

摄善法戒，即修善积功德。

摄众生戒，即进行佛教宣传以济度众生。

实际上，后二者非戒条，而为对佛法的实践力行。

现在把传戒方式大致说一说：

初坛传十戒，于法堂或其他适当坛所集体举行。鸣钟集众，由传戒和尚讲说受十戒的意义与内涵，最后向受戒者一一提问：“尽形寿能持否（一生中能不能奉行）？”受戒者回答：“依教奉行。”或简略答“能”也行。初坛就算告毕。

近现代传戒一般都是连受三坛。初坛后不久即开二坛。二坛戒最为隆重。

二坛传具足戒，于戒坛举行。在此先把二坛受戒的戒坛说一说。

设有戒坛的多为大寺院。戒坛常设于寺院左后侧（东北后区）或右后侧（西北后区），自成格局，另为一院。院中正殿为戒坛殿，正殿前立一小山门殿，以示从此进入即受戒得解脱入空门之义。此殿正面供释尊十大弟子之中持律第一的优波离，以其为律藏首诵者之故。因此，此殿又名“优波离殿”。

戒坛殿一般为方形大殿，中设三层玉石砌成的戒坛。戒坛为正方形，每层四面均有石龛，龛中安置小型戒神。龛外站有比石龛要大的大型戒神。这些位戒神都是戒坛的守护神，包括诸天、梵释四王、天龙八部、伽蓝、土地、金刚力士等等，究竟谁是谁，很难指实。总之，凡不是佛、菩萨、罗汉系统的那些护法神，几乎全到了。还可能掺沙子加入了一些《封神演义》等系统的道教类天神，熙熙攘攘，济济一堂，好不热闹。可惜好景不长，这些泥塑木偶以其形体不大，不过在0.2米至1米之间，又不是固定的，很容易被人抱起来就走，所以在解放以前常被盗卖，流出国外。今北京戒台寺戒坛殿内新添泥人张所塑戒神百多尊，略存其意而已。

二坛戒进行时，戒坛上正面设莲花座，供释尊像。下设三师七证座椅十张。上首三张，三师坐；左侧三张，右侧四张，七证坐。总称为“十师”。

三师及其坐法：

中间坐“衣钵传灯本坛阿阇黎”，即受戒的主师。阿阇黎（意译“轨范师”、“导师”），意为教授弟子并纠正其行为者，是弟子的师范。

左边坐“羯磨阿阇黎”，亦称“羯磨师”。“羯磨”原是佛教徒的日常办事会议制度。羯磨师是这类会议的执行主席。

右边坐“教授阿阇黎”，亦称“教授师”，是对受戒者传授佛教生活规范、规章制度的。

三师缺一不可。至于七证，都尊称为“尊证阿阇黎”，略少略多于七位都可，他们是证明人。

受二坛戒时，不像初坛、三坛那样聚众集体举行，而是编组进行。一般以一至三人为一组，称为“一坛”。无论传初坛二坛还是三坛戒，事前都要反复演练，称为“演仪”。正式传戒时更为隆重，一般是不许非信徒俗人观礼的。

受二坛戒的大致情况如下：鸣钟集新戒于法堂，再迎请三师七证入戒坛。然后受戒者一至三人一组，分组入戒坛受戒。

先由教授师下坛对新戒说明“衣钵”的含义，然后逐一询问："今此衣钵是汝自己有否？"答："有。"

然后教授师在坛下对新戒逐一询问是否犯过"十三重难"、"十六轻遮"。"十三重难"是有十三种重大罪过或问题，如杀父母、杀罗汉、刺佛身出血、奸污比丘尼等。"十六轻遮"是十六种妨碍出家的问题，如父母不准出家，没有衣钵，现有债务，现为奴隶无人身自由，现为官吏，有某种不能参加僧伽集体活动的病（如长癞等皮科病，还有精神病）等。受戒者要逐条逐项回答。这属于受戒前的初步审查，称为"预审"。下一步上坛时还要再问一遍。

接着上坛传戒。经再次询问后，三师七证表决通过授具足戒。授戒后由传戒和尚讲说"四根本戒"，说明它是具足戒的根本，别的戒条都是这四戒分出的枝叶，服从于它，此四戒任犯一戒即失去比丘资格。最后命受戒者下坛学习：汉化佛教中，比丘学二百五十条比丘戒，比丘尼学三百四十八条比丘尼戒。至此，二坛完毕。

三坛传菩萨戒，于大殿或大殿前丹墀（人多时）集体举行。

齐集后，由菩萨戒法师讲述什么是"三聚净戒"。然后领导受戒者，礼拜奉请殿上预置高座中供奉的释迦牟尼佛为本师得戒和尚（导师），拜文殊菩萨为羯磨阿阇黎，拜弥勒菩萨为教授阿阇黎，拜十方一切如来为尊证阿阇黎，认十方一切菩萨为同学诸侣。这是第一阶段。

下一阶段，戒师教导受戒者，忏悔三世罪孽，并发十四菩萨行大愿。最后戒师宣说十重四十八轻出家菩萨戒（为比丘、比丘尼）或六重二十八轻在家菩萨戒（为优婆塞、优婆夷），并一一询问能持否，其方式与二坛戒时问答略同。问答毕，仪式告成。

据佛传说，悉达多逾城出走成功后，便以利剑自剃须发，并发愿说："今落须发，愿与一切断除烦恼及习障。"接着，悉达多又和途中遇见的一个穷人交换衣服，把身上所穿王子新装换成破烂不堪的旧衣。此后托钵乞食为生。这就为僧人立下榜样。僧人受戒时，必须落发，并接受僧衣和钵盂，所谓"衣钵相传"是也。

落发，又称剃发，指出家时剃净须发。从内心说，这是为了去除"憍慢自恃心"，憍慢，指的是自高自大凌物不逊，仗着自己的智力势力等轻侮佛门。从外表说，这是为了和一切"外道"即非佛门的其他修行者相区别。从悉达多断发时的宏愿说，则是以这种举动立誓，从此要为了给世界上一切有情（包括人畜等有知觉者）断除烦恼习障而奋斗。烦恼是梵文的意译，亦可译成"惑"。是佛教对于扰乱众生身心使发生迷惑、苦恼等精神作用的总称谓。烦恼习是已断烦恼后残留的习气，如难陀有喜爱女人的毛病，证阿罗汉果之后，遇到大庭广众中男女混杂时，眼睛还是先朝女人看，这就是一种烦恼习。烦恼障则指恼乱身心使之不得寂静不能修道的孽障。悉达多以此设誓，是说从此要破除烦恼。后来人把落发说成“斩断万根烦恼丝”，似乎烦恼由之而起，一剃便能去除，则是野狐禅的调调矣。当然，剃发也是实行朴素无华生活的一种方式。补充说几句：初次落发，连胡子也刮掉。此后，凡出家人就不再留胡须，但是中国有一部分僧人也留须，他们认为，出家时应剃掉，此后可以留。南方国家的僧人则一律不留须。

至于受戒时的“爇顶”，其实是这样的：过去，汉化佛教比丘与比丘尼在受二坛戒后三坛戒前爇顶。受菩萨戒者燃香十二炷，烧成十二个疤，俗称“烧香疤”。这是元代传下来的非正规陋习。

有关爇顶，可以有两点附加说明：

一点是，南亚次大陆古代的修行者中有一种以自己伤残身体以达到修行目的的人。原始佛教对这种行为似乎并不赞成，可是在传流过程中，各种非佛教派别和思想、修行方式也被广大无所不包的佛教各种宗派分别采纳。从南北朝时起直到近代，佛教徒，特别是僧尼往往有自残身体以达到某种修行或化缘目的的。例如金代崔法珍断臂募捐刻成大藏经（就是著名的《赵城藏》)，在当时成为美谈。至于炼指、炼臂之事更是屡见不鲜。汉族原来严守儒家“身体发肤受之父母，不敢毁伤”的教戒，所以对这种行为并不赞成。但是有人已经这样干了，出于赞叹怜惜的心理，也不能不努力捐输，因此这种事代代不绝。僧尼爇顶，可以看成是这类行为的微型化，究其实无非是一种有损无益的行为，并不能给佛门增加光彩。

另一点是，元代只有汉族僧尼才爇顶，非汉族的喇嘛教僧人不爇顶。其中带有种族歧视的成分，也是便于元代蒙古族统治者分辨汉族中僧人、非僧人的一种标志。从这个角度看，爇顶原来是带有一些污辱性的标志，后来的僧人反认为爇顶是必须履行的受戒手续，恐怕是有点数典忘祖了。现代有些武打片中让唐代的少林寺和尚在受戒时爇顶，更是违反历史。

由于爇顶是一种无助于修行的错误行为，中国佛教协会已明令废除。

受戒毕，由传戒寺院发给受戒者“戒牒”(受戒证明书)和“同戒录”(相当于俗家的“毕业同学录”)。这两种文件传到后代，常成为文物参考资料。

跟着谈谈“度牒”与“戒牒”。

度牒，是中国古代对经过国家批准“得度入道”的僧尼所发的证明书。它是由国家中央政府对出家僧道等实行统一管理后正式出现的。南北朝姚秦时开始立僧官，任命有道行的大和尚掌管僧录。僧录就是僧众的名册。政府既然掌管僧尼的簿籍，就必然要发给已登记的僧尼一张凭证，以资查考，这便是“度牒”。度牒制度始于何时，现在很难确定。唐代僧尼隶于祠部，由祠部给牒，这是今日所知的正式度牒的开始。所以度牒在唐代又叫祠部牒。以后各朝主管机关名称职任有变动，但是这个制度一直沿袭下来，大约到清代乾隆末年才停止。

僧尼有了度牒，身份明确而特殊，能享受许多特权，如免除地税徭役（在个别朝代、年代不行）等，所以趋之若鹜。受牒必须纳钱，政府也有一笔收入。富豪人家常有先买空白度牒准备临时应用的，如《水浒传》中赵员外度鲁达为僧，用的就是早备下的度牒。又有私下买卖死和尚度牒给活人冒用的。《水浒传》中武松的度牒就是冒用的。朝廷一到财政收支紧，要钱花，往往就想到大卖度牒，其中弊病甚大。清代乾隆时废除，是没办法中的办法。

“戒牒”是传戒寺院发给出家受戒者的证明书，与“度牒”不可混为一谈。它只起证明出家人身份的作用，不能享受任何特权。现在“戒牒”由中国佛教协会委托传戒寺院发给，三师七证签名盖章为信。

十三　僧人生活与佛事

（一）

大寺院常另设有一系列僧人的“居住生活区”。其前半部分，常安排僧房、香积厨（厨房）、斋堂（食堂）、职事堂（库房）、茶堂（接待室）等。其中接待处即茶堂常设在某些东厢房中。有些对外营业的素菜馆和卖香烛的、卖经卷佛像的（相当于专业书店）所在，也在东边。所以，进庙有事，往东边去找。茶堂前常附小花园，爱摄影者应去随喜。

斋堂或库房前常悬“梆”，那是一种挺直的鱼形木鱼，与大殿中诵经时叩击的团圆鱼口鱼鳞形木鱼不同，粥饭时击之为号。旁悬云朵状金属“云版”，为报时、报午斋等用。报午斋有时也用“云鼓”，即绘有云形之鼓。

圆磬是诵经时鸣叩用，置殿中。另有一种扁磬，玉石质，

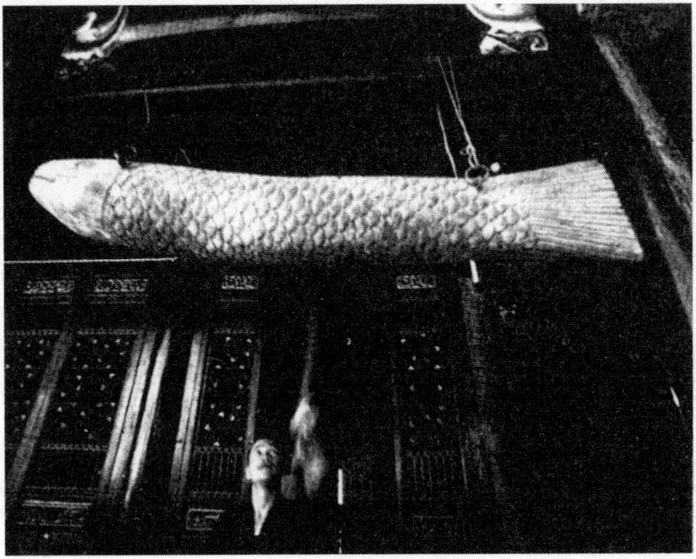

敲梆之声一响，又是进入斋堂的时候了。

形似云版，悬在方丈廊外，有客来时知客鸣三下通知，有如现代的门外电铃。

后半部分一般为方丈等高级僧人居住区，亦常配以小花园，但恐“闲人免进”耳。

（二）

有多数僧众聚居的寺院，习称“丛林”，它的意思是众僧和合共居一处，如树木之丛集为林。这原来是对禅宗寺院的称呼，所以也叫禅林。禅宗的寺院制度较为完整，这种制度称为“清规”，也叫“禅规”。近现代中国寺院，表面上虽有宗派传承，实际上不甚严格，一般都以禅宗的丛林制度（禅林制度）为准，加以增损，具体的制度按照元代的《敕修百丈清规》，随时代的发展而有加减。

寺僧各有所司，这些职务上的规定，也在清规之内记载，现约举如下：

住持，是一寺之首。他住的地方称为方丈，这是因为据《维摩诘经》说：身为菩萨的维摩诘居士的卧室只有一丈见方，但是容量无限。禅宗寺院用此说来比附住持所居的寝室，故住持亦称方丈。俗称“堂头和尚”，这是因为“出堂”（正式列队进入大殿或法堂）的时候，住持走在最前面。

住持之下的僧人，一般按照受戒的先后排列次序。一位僧尼，从受戒时到当年的阴历七月十五为“法腊”的“一腊”，即加入僧籍一年。以后每年加一腊。法腊，指加入僧籍的年岁，与之相对的是“俗腊”，即僧尼的实际年岁。例如，一位僧尼二十岁受戒，七十岁逝世，俗腊就是七十岁，法腊就是五十岁。丛林中遇事开会采取全体合议制度，集会的座位，按法腊的多少排列，法腊最长的称为“上座”，其发言常带有权威性。

日常事务由各负其责的种种人员分别办理，按照近现代寺院一般分类法，在住持之下有种种执事，大致分为序执、列执两类，每一类又分东序、西序，细分职别可达八十种以上。打个不确切的比方，序执的工作范围大致和大学的教学系统相仿，掌管的是烧香、上殿、藏经阁、来往文件、对外联系、招待客人、医药（包括寺院内部诊疗和对外诊疗）等。列执则大致与大学的总务后勤系统相当，管的是财政收支、库房、伙食茶水、清理上下水道、钟鼓巡逻等。东序西序的区别，是以东为主位，西为宾位。它本来的意思大概是：以住持为首的是寺院的主人，列在东序；辅助住持修行的待以宾礼，列在西序。实际上，这种区别到现在已经不太清晰了。

僧人的职别，细分起来，可达八十种，现在把20世纪30年代南方寺院比较典型的四十八单执事名位开列如下：

列执次序：

东序——都监、监院、副寺、库师、监收、庄主、磨头、寮元、殿主、钟头、鼓头、夜巡。

西序——典座、贴案、饭头、菜头、水头、火头、茶头、行堂、门头、园头、圊头、照客。

序执位次：

东序——维那、悦众、祖侍、烧香、记录、衣钵、汤药、侍者、清众、请客、行者、香灯。

西序——座元、首座、西堂、后堂、堂主、书记、藏主、僧值、知藏、知客、参头、司水。

以上所列，一般读者未必记得住，现在把随喜时可能接触的八大执事和其他有关方面负责人略加介绍：

八大执事是寺院的八个主要负责人，他们是：

监院：俗称“当家的”，仅次于方丈，抓全寺实际工作。在大寺院中，方丈道高德隆，地位崇高，但不负责实际工作，也很少出面招待一般的俗客。所以，要进方丈，见住持，不是一件容易的事。一般说来，全寺的事务由监院综合管理。他还主管全寺经济收支，亲自掌管库房。

知客：客堂负责人，掌管接待僧俗事宜，主要接待俗客。一般高中级旅游团随喜寺院，或是接洽做法事，常由他出面接待。他的手下，常有几个青年僧人充任招待导游之类职务，和游客接触最多的就是这种僧人。

维那：“维”，纲维，意为统摄僧众；“那”，梵文羯磨陀那之略，意译“授事”，汉梵并举为“维那”，也称“都维那”；旧称“悦众”、“寺护”等。原来是掌管僧众庶务的主要人物，其地位仅次于住持，在现代寺院中则主要负责禅堂。上殿时掌管行道仪式，类似大会主持人或司仪。

僧值：又名纠察，管理检查僧众威仪。威仪，意思是指坐作进退有威德有仪则。僧人有四威仪：一行、二住、三坐、四卧。僧值主要检查这些。

典座：是厨房和斋堂的负责人。寺院的厨房，称为“香积厨”。有故事说：众香世界的佛叫香积佛，维摩诘曾经到众香世界去，香积佛和那个世界的许多菩萨，正一起坐在那里吃饭，就用众香钵盛满了香饭送给维摩诘，维摩诘带回供应一会之大众。现在僧家的食厨叫香积厨，盖取香积世界香饭之义。僧人的食堂叫做斋堂，是不对外的。现在有些寺院附设素菜馆对外营业，供应俗客。千万不要把这种饭馆和香积厨、斋堂混为一谈。

寮元：“云水堂”的负责人。云水堂是大寺院中招待临时来挂单的外来僧人的。某些个别的居士或等待受戒的俗人也可短期居留。此堂可说是寺院的内部招待所。如今一些寺院也常辟有对外的招待所，招揽旅游俗客，不可与云水堂混为一谈。

衣钵：大寺方丈室的负责人。相当于方丈的秘书。

书记：掌握往来文件的收发起草，也就是负责寺院中的文秘工作。

除以上八大执事外，大寺院里还有副寺，他是监院的副手，一般专门管库房，又叫“知库”。管理藏经阁即佛教专业图书馆的有“知藏”，相当于图书馆馆长，一般由深通佛藏和有一些图书馆知识的人充当。他的副手叫“藏主”，任务是管理书库，掌管经厨钥匙，保管和出借图书。一般说来，寺院的经书不借出，以山门为限。还有“悦众”，是维那的副手。“侍者”是方丈的服务员，也兼作其他杂役。“请客”，是方丈室的传达人员。“行者”，是以服劳役为主的僧人。

下面谈僧人的打扮。先说“法服”，即僧人的正规制服。

佛教传入中国已近两千年，在汉、藏、傣等民族间存在着不同的佛教系统，传流时间也有先后。因此各族的僧侣服装不尽相同。特别是汉族，由于地区广阔，南与热带接壤，北与寒带相邻，而且流传时间也最久，以致汉族僧侣的服装在各时代中常有变动，在形色上也最复杂，与原始的僧侣服制差别很大。

据说，南亚次大陆的僧服中，属于“法服”性质的只有三种，总称为“三衣”。它们是：1. 安陀会，又称作“下衣”或“内衣”、“中着衣”，由五条布缝成，故又称“五条

僧人披阅藏经

衣”。贴身着之。2. 郁多罗僧，又称作“上衣”，由七条布缝成，故又称“七条衣”。着于五条衣之上。3. 僧伽胝，又称大衣（又叫“复衣”），俗称“祖衣”。由九条到二十五条布缝成，故又称“九条衣”。因缝制时用的布条特别多，所以又叫“杂碎衣”。这种“大衣”是僧人的大礼服。凡说法、出门见尊长、进王宫、乞讨布施时，必须穿它。三衣的剪裁缀合都作长方、正方的水田形状，故又名“田相衣”、“水田衣”、“割截衣”。因其由这许多碎布片补缀合成，所以又叫“百衲衣”、“衲衣”。因而和尚自称“衲子”。三衣总称为袈裟，总的说，是以赤黄二色为主。可是还有华丽的金襕袈裟，传说是佛祖付法给迦叶的凭证，看来更加违背佛说本义，未必如是。可是近现代大法师上堂说法常常穿用。

南亚次大陆僧人除“三衣”外，还有两种衣服，也在此说一说。

一种是“僧祇支”，梵文的音译，又译作僧竭支、僧脚欹迦等，义为覆膊衣或掩腋衣。是一种长方形衣片，袒右肩覆左肩掩两腋。

一种是“涅槃僧”，梵文的音译，也译作泥缚些那，即系于腰部的腰衣，也译作禅裙。它像浴巾一样围在腰间，掖在腹部。

这两种是热带、亚热带人们的贴身便衣，好似现代的背心、裤衩，加上“三衣”，合称“五衣”。这两种内衣与中国气候和民族习惯不合，汉族僧人不用。同时，汉地天气寒冷，也不能仅穿“三衣”。所以，汉化佛教僧人的办法是，把三衣穿在外面，当正式制服。内穿常服。日常生活则仅穿常服。常服是随时代的变化而变化发展的。大致地说，南北朝时期，宗教徒，包括佛道二教的僧人和道士，都穿缁衣，与一般平民百姓之服白衣者形成强烈对比。后来道士改服黄色，缁衣就成僧人专用，甚至成为僧人代称。“缁素”对举，义同“僧俗二家”。可是，后来和尚也不太遵守这一不成文的规定，穿褐色、黄色、灰色常服的僧人颇多。

明初对僧侣服色有规定。洪武十四年（1381）令："禅僧茶褐常服、青绦、玉色袈裟。讲僧玉色常服、绿绦、浅红色袈裟。教僧皂常服、黑绦、浅红袈裟。"可是到了明末，《山堂肆考》云："今制禅僧衣褐，讲僧衣红，瑜伽僧衣葱白。"现代江南地区律宗每当传戒时住持仍着黑常服、红袈裟，而求戒者着黄常服、黑袈裟，犹是明代的旧制。现在僧侣的常服大多是褐、黄、黑、灰四色。在北方有黄绿色，称为缃色的。在此五色中又各任意深浅不一，没有一定的规制。形状则近于明代平民便装。至于内衣，更是随时代变化而变化，与俗人已无甚区别。当然，颜色过于鲜艳是不行的。

由于常服颜色复杂，法服颜色也有点紊乱。武则天依唐代三品以上服紫的规定，赐给沙门法朗等九人紫袈裟，从此，唐宋时代一直都以赐紫衣为沙门的荣誉，因而引起忽视戒律的规定，随意选用袈裟的颜色，特别是随着常服的颜色而任意改变。如常服有缁、黄、褐等色，袈裟也有着许多颜色。另一方面，有的僧人执著于赤色的老传统，而以朱红袈裟为最尊重。殊不知朱红及黑色都是戒律中不许用的纯色、上色，而古代所谓披赤衣乃是红而兼黑或红而兼黄，不是大红色。

袈裟，特别是大衣，左肩下有一枚大环，作为扣搭之用，名为“跋遮那”，是梵文音译。也有音加意译为“哲那环”的。

三衣是比丘、比丘尼所服，是沙门的标帜。沙弥、沙弥尼未受具足戒，不能服用，只能穿“缦衣”。缦者，漫也，通贯而无田相之非正规袈裟也。它由两幅布缝制而成。比丘、比丘尼如果愿穿，也可以穿。男女居士，在其受三皈五戒后，也领取一件缦衣。但这件缦衣只能在做佛事、礼拜、忏悔之时才可以穿，日常生活中不许穿，故特名“礼忏衣”。

和尚都是光头，一般不戴帽。也有僧帽。现代内地僧人的常服僧帽，像个平顶压发帽。回教徒也戴类似的小帽，是白色的。而此种小僧帽则为灰暗的深色。北方冬季可戴护耳风帽，俗称“观音兜”。古代有“芙蓉帽”，即济公所戴的那种，又名“元宝帽”。因为济癫的形象深入人心，后来不疯的僧人都不敢戴，似成济公专用。还有毗卢帽、宝公（名僧宝志所戴）帽、天冠（俗称唐僧帽，如戏剧中唐三藏所戴）等多种“礼帽”，做法事时，大法师有时也戴一戴。古代和尚穿芒鞋（草鞋）或布鞋，布袜。现代也随俗。

和尚受戒时，除三衣外，发给钵盂，为托钵化缘用。钵是梵文音译“钵多罗”之略称，再加意译则为“钵盂”。它是僧人的专用饭碗。形状是圆形，稍扁，平底，小口。原用陶器或铁器。可是，从原则上说，这钵盂要使用一辈子，不许毁坏。

所以，后来一般为铜制，取其坚固。现代内地僧人多在斋堂吃饭，用的碗筷和外面食堂一样，游方托钵僧极少，钵盂已成为带有象征性的器物了。可是，到寺院挂单，必以衣钵齐备为条件。这两件代表僧尼的一切所有。禅宗师徒传法，常付衣钵为验证信物。

禅宗讲究坐禅。禅林中坐禅时，常有一人下座巡行，手执一柄“禅杖”，那是用竹子或苇秆制成的一根长棍，一头包上软布。看见坐禅中昏睡者，就用它轻轻一触，唤醒痴迷。另有一种“锡杖”，是梵文的意译，也译作“声杖”、“鸣杖”。是一种齐眉大棍，顶头有金属环，个数不定，一般是九枚，

青花钵盂

称“九环锡杖”。这是僧人，特别是游方僧人的乞食和防身用具。行路或乞讨时，振环作声，并用以叩门，施主一听就知是和尚来了。兼作防身打狗之用，格斗时用为武器。此杖也是做佛事时一种法器，大法师多执之。名僧挂单某处，称为“卓锡”，即立锡杖于该地之意。后来的俗人常把“禅杖”、“锡杖”混为一谈，中国武术家又创造出便于作战的特种禅杖，一头如铁铲，一头如月牙，如戏剧中鲁智深、沙僧等人所用。那只可叫做“方便铲”、“月牙铲”，非正规之禅杖也。

（三）

南亚次大陆原始佛教时期，僧众的日常行事，除了出外乞食外，就是每日各自进行修行。修行的方法有两项：一是学习教理，二是修习禅定。学习教理是听佛或法师说法，或互相讨论；修习禅定是趺坐，或是经行（在林间或塔下来往徘徊）。后来，寺院中有了佛像，经典记录成文字，于是有礼拜供养和读诵经典的行仪。佛教传入中国以后，最初也只是弟子各自随师修行，没有统一的日常行事。东晋时，道安居住襄阳，有弟子数百，于是制定僧尼轨范。当时天下寺院普遍遵行，其具体条文今已失传。近代汉地寺院通行的日常课诵，是明末逐渐统一起来的。

大致地说，每日僧众的共同宗教活动，就是“朝暮课诵”，俗称“早殿”和“晚殿”，即早晚一起到大殿或法堂读诵经文并拜佛。早殿有两项主要内容，晚殿三项。每一项都叫“一堂功课”，如学校上一节某种课程一般。俗称“五堂功课”、“两遍殿”。分述如下：

1. 早课：全寺僧众于每日清晨丑时寅时之间，即天亮前后，齐集大殿，念诵两堂功课。

念诵《大佛顶首楞严神咒》为一堂功课。此咒甚长，凡四百二十七句，二千六百二十字。据说有息灾的功用。

念诵《大悲咒》、《十小咒》、《般若波罗蜜多心经》为

破晓以前，僧众齐集大殿，开始新一天的功课。

一堂功课。目的是以念诵经咒的功德，回向护法的天龙八部等众鬼神，祈愿寺中安静无事。回向亦作“转向”、“施向”，意思是把自己所修的功德转施给某处。依转施的内容，有多种回向。如，把所修功德施向众生，称为“众生回向”、“回施众生”等。“功德”也是佛教名词。“功”，指行善事；“德”，指得福得善报。修功德，一般指念佛、诵经、布施、行善（如放生）等事。

事忙时可以只念后一堂。有的寺院在平时只念一堂功课，在节日念两堂功课。

2. 晚课：日暮后不久，大约当晚七至八时左右。念诵三堂功课。

诵《阿弥陀经》和念佛名为一堂功课。这是为自己往生西方净土祈愿。

礼拜八十八佛和诵《礼佛大忏悔文》为又一堂功课。八十八佛是五十三佛加三十五佛。五十三佛名见《观药王药上二菩萨经》，是娑婆世界的过去佛。三十五佛名出《决定毗尼经》，是现在十方世界的佛。这八十八佛都可以为众生做忏悔主，因此向八十八佛申述自己改悔过恶的愿望。《大忏悔文》也出于《决定毗尼经》。“忏悔”，作为一个佛教名词，“忏”是梵文“忏摩”音译之略，“悔”是它的意译，合

按丛林清规，僧众用膳，不得发出声响，更不许交谈。
添饭由来回走动的“行堂师”负责。

称“忏悔”。原为对人发露自己的过错、求容忍宽恕之意。这一词汉梵结合后，按汉化佛教的解释，“忏”表消除以往的宿孽，“悔”则意味着不造未来的新愆。按古代规定，诵忏悔课文须行一百零八礼，近现代则多跪诵而不礼拜矣。

放蒙山施食是最后一堂功课。蒙山施食，是于每日中午的斋食中取出少许饭粒，到晚间按照《蒙山施食仪》念诵，施给饿鬼。蒙山在四川雅安县。相传甘露法师在蒙山集成此仪，故名。其设想是在讽诵和忏悔之后惠及幽冥。

晚殿的三堂功课，在一般寺院中，是单日念《阿弥陀经》和念佛；双日拜八十八佛和念《大忏悔文》；蒙山施食却是每日要举行的。除了早晚二殿外，僧众于每日早斋和午斋（早餐和午餐）时，要依《二时临斋仪》，以所食供养诸佛菩萨，为施主回向，为众生发愿，然后方可进食。至于晚餐，因为佛原制定过午不得进食之制，汉化佛教僧人多参加劳动，因保健需要和习惯不得不吃，但系“药食”，所以不须念供。

除此以外，一天之内，从早觉（醒来）、闻钟、著衣、下榻，到登厕、洗手、净面、饮水、漱口，直至睡眠，都有各种咒语，随时默诵。但一般僧人能严格执行的不多。兹举几种咒语为例：

闻钟：闻钟声，烦恼轻；智慧长，菩提生；离地狱，出火坑；愿成佛，度众生。（下面梵文咒语从略，后同此）

著衣：若著上衣，当愿众生：获胜善根，至法彼岸。著下裙时，当愿众生：服诸善根，具足惭愧。整衣束带，当愿众生：检束善根，不令散失。

汉化佛教僧人执行“农禅”制度。外出参加农业林业劳动称为“出坡”。需要全寺僧众参加时则进行“普请”，出牌告示。

南亚次大陆僧人不劳动，化缘为食，至今如此。因此，施主给什么就吃什么，不拒绝肉食。除个别的兽肉如“狮肉”等外，什么都可以吃。比丘戒律中并没有不许吃肉的规定。中国大乘经典中有反对肉食的条文，汉化佛教僧人是信奉大乘佛教的，他们除受比丘戒外，并且受菩萨戒，所以汉化佛教僧人乃至很多居士都不吃肉。从历史来看，汉化佛教吃素的风习，是由梁武帝的提倡而普遍起来的，为大多数僧人和在家二众所严格遵守。这是合乎佛家慈悲和不伤生命的本怀的。既然信奉佛教，就应洁持，吃素总比吃肉的要求要严格，而且显得更虔诚。在这一点上，藏传和南传佛教僧人对汉化佛教吃素的习惯都是极为赞叹的。至于“吃荤”的“荤”字，是专指大蒜、葱这些气味浓烈、富于刺激的东西，是大小乘戒律所同遮禁、南北佛教徒所共同遵守的。把“吃荤”和“吃肉”混同起来，那是一种错误的认识。

（四）

依据戒律，僧众应当于每月望晦（农历十五、三十或小月月尽日）两日齐集一处，共诵《戒本》，自我检查有无违犯戒律之事。如有违犯，便应按照情节轻重，依法忏悔。这一行事叫做“布萨”，是梵文的音译，意译为“净住”、“善宿”、“长养”、“断增长”，汉化寺院中习称为“说戒”、“诵戒”。在家居士等，于每月的六斋日（阴历初八、十四、十五、二十三、二十九、三十）实行八戒；或赴寺院进行“八关斋戒”，也算一种布萨。

一年之中，汉化佛教僧人有两次“安居”。

安居，梵文的意译，南亚次大陆有三个月雨季，约在五月至八月之间。这段时间外出不易，据说释尊就禁止僧尼外出，说外出易伤草木小虫，应在寺内坐禅修学，接受供养。这段时期称为“安居期”。汉化佛教也采用这种做法，把安居期定在阴历四月十六至七月十五。南亚、东南亚各国称为“雨安居”，汉化佛教称为“夏安居”，或简称“夏坐”、“坐夏”。如因事延缓，不及定居，最迟也应在五月十五定居下来，这叫做“后安居”。安居日满，即七月十五，僧众集合一堂，任凭他人对自己检举一切所犯轻重不如法事，从而忏悔。这叫做“自恣”。“自恣”是梵文的意译，亦译“随意”。内涵是：举行检举忏悔集会，请别人尽情（恣）揭发自己的过失，自己进行忏悔；同时也随别人的意愿，尽情检举其过。汉化佛教把阴历七月十五定为“僧自恣日”。因为这样做佛会喜欢，以此又名“佛欢喜日”。经过自恣之后，受戒的年龄算作增长一岁或是一腊。这是计算戒腊的日期，所以坐夏也叫做坐腊。因而七月十五也称“僧受岁日”。

七月十五又是“盂兰盆节”，要举行“盂兰盆会”。“盂兰盆”，梵文的音译，意思是“救倒悬”。这是根据西晋竺法护译的《佛说盂兰盆经》而举行超荐历代祖先的佛事。据该经说：目连（佛弟子中神通第一）的母亲死后生为饿鬼，在地狱受苦，如处倒悬。目连尽自己的神通不能救济其母，乃求佛救度。佛告以要在每年七月十五僧自恣时，以百味饮食供养十方自恣僧。以此功德，七世父母及现生父母在厄难中者，得以解脱。佛教据此传说而设此会。在汉化佛教中，最初举行此仪的是梁武帝，大同四年（538）他在同泰寺设盂兰盆斋。其后，民间普遍举行。到了唐代，每年皇家送盆到各官寺，献供种种杂物，并有音乐仪仗及送盆官人随行。民间施主也到各寺献供献盆及种种杂物。到了宋代，便不是以盆供僧，为先亡得度，而是以盆施鬼。寺僧又于是日募施主钱米，为之荐亡。后世更有放河灯、焚法船之举（用纸糊船形，船上糊有鬼卒等）。这些都是民间习俗。

南亚次大陆处于亚热带，冬季不明显，除雨安居外，僧人在旱季可到处云游。中国情形则不同，冬季严寒，行旅不便。所以，汉化佛教仿照雨安居的办法，每年从阴历十月十五日到次年正月十五日的九旬期间，在丛林中也结制安居，称为“冬安居”或“结冬”。清代以来，曾有只结冬不结夏的反常现象，现经纠正，实行“冬参夏讲”，即冬坐禅，夏讲经学律。

（五）

寺院中的重要佛事，以焰口施食为最经常举行。斋天和放生也是常事。最盛大的，则是水陆法会。

焰口是密宗的一种行仪。“焰口”是饿鬼之王，又译作“面然”。据说其形枯瘦，咽细如针，口吐火焰。据说，阿难正在静室中修习禅定，忽见焰口鬼王来对他说：“你三日后命尽，生在饿鬼中，和我一样，如要免苦，须于明日普施鬼神，以摩揭陀国所用之斛各施给来的鬼神一斛饮食。”阿难问佛，佛为说施食的方法。这种方法就是密宗传下来的专对饿鬼施食的经咒和念诵仪轨。近现代放焰口，多据明代天机禅师所订《天机焰口》或清初宝华山德基大师所订《华山焰口》的内容施行。一般在黄昏或夜间举行，以饮食供鬼神，最后在念诵声中抛撒食物，“诸仙致食于流水，鬼致食于净地”。现代放焰口，常与丧事中追荐亡魂结合在一起，又在重大法会圆满之日举行，不作为一种单独举行的法事来办了。

斋天是每年阴历正月初一供诸天的岁朝佛事，在寺院中由僧众自己举行。

放生，可于日常行之，也可在佛诞日开放生会。各大寺多有放生池，仿西方净土七宝莲池之意，栽莲花。此种莲池形式多因地制宜，方圆不一，大小不等。俗客多认为寺中金鱼池，其实非也。

水陆法会又名“水陆道场”、“水陆斋”。水陆之义，因此会以供饮食为主，为超度水陆一切亡魂而设，故名。又有一说，说是所供饮食，供仙人等高级人物者最后置于流水，给鬼

众法师正为一信士施放瑜伽焰口，超荐祖先。

魂的则抛撒于陆地，故名。相传始于梁武帝，只是一种托古之辞。这种会恐怕是北宋时才盛行起来的。主要内容是诵经设斋，礼佛拜忏，追荐一切亡灵。特点是：

时间长，少则七天，多则四十九天。至少也得用三天紧赶着才能完成。

规模大，参加法事的僧人起码要在七八十人左右，不然开不起来。而且人愈多愈好，上千人更热闹。

主持水陆道场各坛口法师，绕寺一周，
手执杨枝净瓶，四处洒净。

法事全，凡佛教各种常见法事无不包括在内。还要悬挂一堂起码一百二十幅（多则可有两百多幅）“水陆画”以供礼拜之用。挂此种画，一则需要宽敞的大殿才能安设得下；二则非大寺夙备者莫办。因此，办一堂正规的水陆法会很不容易。

现将水陆道场的内容与仪式，按七天道场略作介绍：

道场分内坛和外坛。内坛以活动为主，颇为热闹。一般俗客常看的也是内坛。

内坛活动主要有：洒净，结界，遣使发符，请上堂，请下堂，供上堂，供下堂，奉浴，受戒，施食，送圣，放焰口。

按程序，第一天三更对外坛（念经的坛，下面详述）进行“洒净”，就是用“法水”遍洒戒坛并诵咒，这样，戒坛就成为“净土”了。四更内坛“结界”，即诵经咒，施法力，使内外坛均与外界尘俗隔绝，以便开道场法会时不受外界干扰。五更“遣使”，即派遣“鬼使神差”，“发符”上呈佛、菩萨、天神（包括佛教诸天和道教的几乎全部神与仙），下召六道众生，请大家都来赴会。这时，在大殿左前方树长幡，幡上常写的是“修建法界圣凡水陆普度大斋胜会功德宝幡”，作为大会标帜。

第二天四更请上堂。上堂是能施法力超度众生的诸佛、菩萨、罗汉、明王、诸天、天龙八部、道教诸神群仙等。请的办法，是在念诵声中，恭恭敬敬地把绘有这些人物形象的一批水陆画画轴悬挂起来，并上香。五更“奉浴”，即安排浴盆香水（多为象征性的中式小型澡盆内盛香味水），备请来的上堂诸位沐浴，以便斋戒。

第三天四更供上堂。意思是请上堂诸位正式临坛开会。在画轴下安放名号牌位，轴下安放供桌，桌上摆好应设的灯烛、香花、时果、佳肴、点心等。最大的正中的供桌上悬挂的是毗卢遮那佛（居中）、释迦牟尼佛（左）、阿弥陀佛（右）三位的图像。这显然是密宗的安排法遗传。在正中供桌前安置四个法台，台上置法器如磬、钹、铃等，并置经典以备用。这四台是给此会的四位主持人主法、正表、副表、斋主用的。前三位相当大会主席和正副秘书长，第四位是出钱办这次法会的代表人物（法会常由多人集资，斋主是从中推出的代表，或外请高级人士或僧人充任）。供完上堂后，五更“请赦”，即请神佛大发慈悲，批准这次超荐。到了午时，大斋群僧。外来的云水僧赶上也算一份。

第四天三更，请下堂，即是把居住在地面水中的神灵（如河海龙神、冥官及其眷属）和待超荐的六道众生请来。四更奉浴，五更说戒，即说明此会遵守的戒条。请来的画轴也不少。按规定，上堂画轴用黄绫镶边装裱，下堂的则用红绫。一看边就知道上下堂。

第五天四更，僧众合诵《信心铭》。五更供下堂。午时斋僧。

第六天四更，主法亲祝下堂。午前放生。

第七天最热闹，五更普供上下堂，午时斋僧，未时迎上下堂到外坛，申时“送圣”，即将应烧送的文告符牒一律焚烧，请来的上下堂诸位以礼送行。至此法会结束。

在这七天中，每夜放焰口一台。第六夜放的是最大的一台“五方焰口”，即针对东西南北四方和地下幽冥的焰口（上方是超荐别人的，用不着超荐天上神佛），乃是全方位总体无所不包的焰口，全体僧众一律参加，煞是壮观，乃水陆道场之热闹高潮也。

外坛是念经的坛场，并不热闹，俗人常不注意。实际上，那里才是在真正地念佛诵经。不过，在法会上也就起烘托气氛的作用而已。

外坛共六个坛场，列举如下：

大坛：用二十四个僧众，礼拜《梁皇宝忏》。这是一部讲忏法的书，相传为梁武帝所撰，故名。又有人说是梁代宝志、宝唱等和尚所撰。现行本十卷，实为元代人修订改正本，是汉化佛教流传最久的一部忏法。忏法是悔除罪过以便积极修行的一种佛教仪式。

诸经坛：用七位僧人，讽诵诸经。

法华坛：用七位僧人，诵《妙法莲华经》。

净土坛：用七位僧人，诵阿弥陀佛名号。

华严坛：用两位僧人，阅《大方广佛华严经》。

瑜伽坛（施食坛）：仅供夜间放焰口时使用。人员由各坛临时调用。

另有监坛一名，指挥内外坛一切事宜，执行现场调度。名额则在外坛内，外坛共四十八名。

下面再说七众念佛时必备的念珠。它是梵文的意译，亦称“佛珠”、“数珠”，音译“钵塞莫”。它是念佛号或经咒时用以计数的工具，一般是圆形穿孔，用线扎成一串。关于数珠，有几点得说一说。

首先是一串数珠的颗数。一般是九种，如下表所示。其中以百八颗的一种为根本，常用者为此种。至于各种表示的内涵，一言难罄，一般读者不必深求，有个大致了解就行了。

其次，一串数珠中常加入一颗大型“金珠”，作为“母珠”；再加十颗“银珠”，是为“记子”。“母珠”表无量寿佛（即阿弥陀佛）之存在，“记子”表“十波罗蜜”。这是净土宗用来记念佛遍数的记号之数珠。密宗则诵真言，以七遍或二十一遍为常规。密宗的数珠，就在每七颗或二十一颗后插入

不同种的或同种而略小的四颗，称为“四天珠”，也是当记子用。一般庙里卖的数珠，常依净土宗规制而略减。通常数珠为

念珠数目	内涵
一〇八〇	十界各有百八，成一千八十
一〇八	百八烦恼或百八尊、百八三昧
五四	修生五十四位
四二	往行向地等妙之四十二位
二七	二十七贤圣
二一	本有十地、修生十地及佛果
十四	十四忍
三六	三分百八为三十六
十八	六分百八为十八

黑色或褐色，中加一颗黄色或红色大珠作“金珠”，再加几个（常不到十个，若干个充充数）浅黄色或白色小珠充“银珠”就算了。

再次，说说数珠的质料。据说，持不同质料的数珠念经，所获功德不一样。质料好，功德成倍增长。至于何种质料的数珠得多少倍的功德，各经所说不同，今举《数珠功德经》中所

述为例，不可执著。

质料	功德倍数
铁	五倍
赤铜	十倍
真珠、珊瑚	百倍
木槵子	千倍
莲子	万倍
帝释青子	百万倍
水精	百亿倍
金刚子	千亿倍
菩提子	无数倍

补充解释几句：

木槵子是梵文的意译，音译“阿梨色迦紫”。木槵是一种“无患”之树，为众鬼所畏。它的果实木槵子亦具降大力鬼神之力。

帝释青子是梵文的意译，音译“因陀罗尼罗迦叉”。又名“天青珠”。据说是帝释天所居处一种宝树所生的宝珠子。

金刚子是传说中的金刚树（又名天目树）的果实。据说像桃核，大小似樱桃，紫色。

菩提子，指菩提树之果实，圆形，上有一个圈和许多小点，称“星月菩提”。在中国只产于广东一带，且系自南亚次大陆引进，故内地常用一年生草本植物“川谷”的果实以代之，它圆而色白，亦名之为菩提子。西藏另有一种藏语对音叫Bodi-ci的果实，产于雪山，亦可作数珠，译名也叫菩提子。

实际上，寺院内外常卖的念珠多为木质车成圆形钻孔而成，也有玻璃质的。佛经中所说，只不过是一种理想而已。

国家新闻出版广电总局

首届向全国推荐中华优秀传统文化普及图书

大家小书书目

国学救亡讲演录	章太炎　著　蒙　木　编
门外文谈	鲁　迅　著
经典常谈	朱自清　著
语言与文化	罗常培　著
习坎庸言校正	罗　庸　著　杜志勇　校注
鸭池十讲（增订本）	罗　庸　著　杜志勇　编订
古代汉语常识	王　力　著
国学概论新编	谭正璧　编著
文言尺牍入门	谭正璧　著
日用交谊尺牍	谭正璧　著
敦煌学概论	姜亮夫　著
训诂简论	陆宗达　著
金石丛话	施蛰存　著
常识	周有光　著　叶　芳　编
文言津逮	张中行　著
经学常谈	屈守元　著
国学讲演录	程应镠　著
英语学习	李赋宁　著
中国字典史略	刘叶秋　著
语文修养	刘叶秋　著
笔祸史谈丛	黄　裳　著
古典目录学浅说	来新夏　著
闲谈写对联	白化文　著
汉字知识	郭锡良　著
怎样使用标点符号（增订本）	苏培成　著
汉字构型学讲座	王　宁　著

诗境浅说	俞陛云　著
唐五代词境浅说	俞陛云　著
北宋词境浅说	俞陛云　著
南宋词境浅说	俞陛云　著
人间词话新注	王国维　著　滕咸惠　校注
苏辛词说	顾　随　著　陈　均　校
诗论	朱光潜　著
唐五代两宋词史稿	郑振铎　著
唐诗杂论	闻一多　著
诗词格律概要	王　力　著
唐宋词欣赏	夏承焘　著
槐屋古诗说	俞平伯　著
词学十讲	龙榆生　著
词曲概论	龙榆生　著
唐宋词格律	龙榆生　著
楚辞讲录	姜亮夫　著
读词偶记	詹安泰　著
中国古典诗歌讲稿	浦江清　著 浦汉明　彭书麟　整理
唐人绝句启蒙	李霁野　著
唐宋词启蒙	李霁野　著
唐诗研究	胡云翼　著
风诗心赏	萧涤非　著　萧光乾　萧海川　编
人民诗人杜甫	萧涤非　著　萧光乾　萧海川　编
唐宋词概说	吴世昌　著
宋词赏析	沈祖棻　著
唐人七绝诗浅释	沈祖棻　著
道教徒的诗人李白及其痛苦	李长之　著
英美现代诗谈	王佐良　著　董伯韬　编
闲坐说诗经	金性尧　著
陶渊明批评	萧望卿　著

古典诗文述略	吴小如　著
诗的魅力 ——郑敏谈外国诗歌	郑　敏　著
新诗与传统	郑　敏　著
一诗一世界	邵燕祥　著
舒芜说诗	舒　芜　著
名篇词例选说	叶嘉莹　著
汉魏六朝诗简说	王运熙　著　董伯韬　编
唐诗纵横谈	周勋初　著
楚辞讲座	汤炳正　著 汤序波　汤文瑞　整理
好诗不厌百回读	袁行霈　著
山水有清音 ——古代山水田园诗鉴要	葛晓音　著
红楼梦考证	胡　适　著
《水浒传》考证	胡　适　著
《水浒传》与中国社会	萨孟武　著
《西游记》与中国古代政治	萨孟武　著
《红楼梦》与中国旧家庭	萨孟武　著
《金瓶梅》人物	孟　超　著　张光宇　绘
水泊梁山英雄谱	孟　超　著　张光宇　绘
水浒五论	聂绀弩　著
《三国演义》试论	董每戡　著
《红楼梦》的艺术生命	吴组缃　著　刘勇强　编
《红楼梦》探源	吴世昌　著
《西游记》漫话	林　庚　著
史诗《红楼梦》	何其芳　著 王叔晖　图　蒙　木　编
细说红楼	周绍良　著
红楼小讲	周汝昌　著　周伦玲　整理

曹雪芹的故事	周汝昌 著 周伦玲 整理
古典小说漫稿	吴小如 著
三生石上旧精魂 ——中国古代小说与宗教	白化文 著
《金瓶梅》十二讲	宁宗一 著
中国古典小说十五讲	宁宗一 著
古体小说论要	程毅中 著
近体小说论要	程毅中 著
《聊斋志异》面面观	马振方 著
《儒林外史》简说	何满子 著

我的杂学	周作人 著 张丽华 编
写作常谈	叶圣陶 著
中国骈文概论	瞿兑之 著
谈修养	朱光潜 著
给青年的十二封信	朱光潜 著
论雅俗共赏	朱自清 著
文学概论讲义	老 舍 著
中国文学史导论	罗 庸 著 杜志勇 辑校
给少男少女	李霁野 著
古典文学略述	王季思 著 王兆凯 编
古典戏曲略说	王季思 著 王兆凯 编
鲁迅批判	李长之 著
唐代进士行卷与文学	程千帆 著
说八股	启 功 张中行 金克木 著
译余偶拾	杨宪益 著
文学漫识	杨宪益 著
三国谈心录	金性尧 著
夜阑话韩柳	金性尧 著
漫谈西方文学	李赋宁 著
历代笔记概述	刘叶秋 著

周作人概观	舒　芜　著
古代文学入门	王运熙　著　董伯韬　编
有琴一张	资中筠　著
中国文化与世界文化	乐黛云　著
新文学小讲	严家炎　著
回归，还是出发	高尔泰　著
文学的阅读	洪子诚　著
中国文学1949—1989	洪子诚　著
鲁迅作品细读	钱理群　著
中国戏曲	么书仪　著
元曲十题	么书仪　著
唐宋八大家 ——古代散文的典范	葛晓音　选译
辛亥革命亲历记	吴玉章　著
中国历史讲话	熊十力　著
中国史学入门	顾颉刚　著　何启君　整理
秦汉的方士与儒生	顾颉刚　著
三国史话	吕思勉　著
史学要论	李大钊　著
中国近代史	蒋廷黻　著
民族与古代中国史	傅斯年　著
五谷史话	万国鼎　著　徐定懿　编
民族文话	郑振铎　著
史料与史学	翦伯赞　著
秦汉史九讲	翦伯赞　著
唐代社会概略	黄现璠　著
清史简述	郑天挺　著
两汉社会生活概述	谢国桢　著
中国文化与中国的兵	雷海宗　著
元史讲座	韩儒林　著

魏晋南北朝史稿	贺昌群　著
汉唐精神	贺昌群　著
海上丝路与文化交流	常任侠　著
中国史纲	张荫麟　著
两宋史纲	张荫麟　著
北宋政治改革家王安石	邓广铭　著
从紫禁城到故宫 ——营建、艺术、史事	单士元　著
春秋史	童书业　著
明史简述	吴　晗　著
朱元璋传	吴　晗　著
明朝开国史	吴　晗　著
旧史新谈	吴　晗　著　习　之　编
史学遗产六讲	白寿彝　著
先秦思想讲话	杨向奎　著
司马迁之人格与风格	李长之　著
历史人物	郭沫若　著
屈原研究（增订本）	郭沫若　著
考古寻根记	苏秉琦　著
舆地勾稽六十年	谭其骧　著
魏晋南北朝隋唐史	唐长孺　著
秦汉史略	何兹全　著
魏晋南北朝史略	何兹全　著
司马迁	季镇淮　著
唐王朝的崛起与兴盛	汪　篯　著
南北朝史话	程应镠　著
二千年间	胡　绳　著
论三国人物	方诗铭　著
辽代史话	陈　述　著
考古发现与中西文化交流	宿　白　著
清史三百年	戴　逸　著

清史寻踪	戴　逸　著
走出中国近代史	章开沅　著
中国古代政治文明讲略	张传玺　著
艺术、神话与祭祀	张光直　著 刘　静　乌鲁木加甫　译
中国古代衣食住行	许嘉璐　著
辽夏金元小史	邱树森　著
中国古代史学十讲	瞿林东　著
历代官制概述	瞿宣颖　著
宾虹论画	黄宾虹　著
中国绘画史	陈师曾　著
和青年朋友谈书法	沈尹默　著
中国画法研究	吕凤子　著
桥梁史话	茅以升　著
中国戏剧史讲座	周贻白　著
中国戏剧简史	董每戡　著
西洋戏剧简史	董每戡　著
俞平伯说昆曲	俞平伯　著　陈　均　编
新建筑与流派	童　寯　著
论园	童　寯　著
拙匠随笔	梁思成　著　林　洙　编
中国建筑艺术	梁思成　著　林　洙　编
沈从文讲文物	沈从文　著　王　风　编
中国画的艺术	徐悲鸿　著　马小起　编
中国绘画史纲	傅抱石　著
龙坡谈艺	台静农　著
中国舞蹈史话	常任侠　著
中国美术史谈	常任侠　著
说书与戏曲	金受申　著
世界美术名作二十讲	傅　雷　著

中国画论体系及其批评	李长之　著
金石书画漫谈	启　功　著　赵仁珪　编
吞山怀谷 ——中国山水园林艺术	汪菊渊　著
故宫探微	朱家溍　著
中国古代音乐与舞蹈	阴法鲁　著　刘玉才　编
梓翁说园	陈从周　著
旧戏新谈	黄　裳　著
民间年画十讲	王树村　著　姜彦文　编
民间美术与民俗	王树村　著　姜彦文　编
长城史话	罗哲文　著
天工人巧 ——中国古园林六讲	罗哲文　著
现代建筑奠基人	罗小未　著
世界桥梁趣谈	唐寰澄　著
如何欣赏一座桥	唐寰澄　著
桥梁的故事	唐寰澄　著
园林的意境	周维权　著
万方安和 ——皇家园林的故事	周维权　著
乡土漫谈	陈志华　著
现代建筑的故事	吴焕加　著
中国古代建筑概说	傅熹年　著
简易哲学纲要	蔡元培　著
大学教育	蔡元培　著 北大元培学院　编
老子、孔子、墨子及其学派	梁启超　著
春秋战国思想史话	嵇文甫　著
晚明思想史论	嵇文甫　著
新人生论	冯友兰　著

中国哲学与未来世界哲学	冯友兰　著
谈美	朱光潜　著
谈美书简	朱光潜　著
中国古代心理学思想	潘　菽　著
新人生观	罗家伦　著
佛教基本知识	周叔迦　著
儒学述要	罗　庸　著　杜志勇　辑校
老子其人其书及其学派	詹剑峰　著
周易简要	李镜池　著　李铭建　编
希腊漫话	罗念生　著
佛教常识答问	赵朴初　著
维也纳学派哲学	洪　谦　著
大一统与儒家思想	杨向奎　著
孔子的故事	李长之　著
西洋哲学史	李长之　著
哲学讲话	艾思奇　著
中国文化六讲	何兹全　著
墨子与墨家	任继愈　著
中华慧命续千年	萧萐父　著
儒学十讲	汤一介　著
汉化佛教与佛寺	白化文　著
传统文化六讲	金开诚　著　金舒年　徐令缘　编
美是自由的象征	高尔泰　著
艺术的觉醒	高尔泰　著
中华文化片论	冯天瑜　著
儒者的智慧	郭齐勇　著
中国政治思想史	吕思勉　著
市政制度	张慰慈　著
政治学大纲	张慰慈　著
民俗与迷信	江绍原　著　陈泳超　整理

政治的学问	钱端升　著　钱元强　编
从古典经济学派到马克思	陈岱孙　著
乡土中国	费孝通　著
社会调查自白	费孝通　著
怎样做好律师	张思之　著　孙国栋　编
中西之交	陈乐民　著
律师与法治	江　平　著　孙国栋　编
中华法文化史镜鉴	张晋藩　著
新闻艺术（增订本）	徐铸成　著
经济学常识	吴敬琏　著　马国川　编

中国化学史稿	张子高　编著
中国机械工程发明史	刘仙洲　著
天道与人文	竺可桢　著　施爱东　编
中国医学史略	范行准　著
优选法与统筹法平话	华罗庚　著
数学知识竞赛五讲	华罗庚　著
中国历史上的科学发明（插图本）	钱伟长　著

出版说明

“大家小书”多是一代大家的经典著作，在还属于手抄的著述年代里，每个字都是经过作者精琢细磨之后所拣选的。为尊重作者写作习惯和遣词风格、尊重语言文字自身发展流变的规律，为读者提供一个可靠的版本，“大家小书”对于已经经典化的作品不进行现代汉语的规范化处理。

提请读者特别注意。

北京出版社